损益
——团队型五人小组结构化教育教学改革研究

肖邦国 著

华中科技大学出版社
中国·武汉

内容简介

随着社会的快速发展,基础教育改革已然迈入"深水区",一线教育工作者紧跟时代的步伐,纷纷探寻着适合学情的出路和方法。2012年,肖邦国在中国西北的黄土地上,开始为期十年的"团队型五人小组结构化教育教学改革"实践。本书即为这十年改革的些许成果。

本书以"立德树人"为根本任务,尝试性地从文化继承和创新角度回答"为谁培养人",从学生"三品质""三能力"的培养方面回答"培养什么人",从团队型五人小组的建设、结构化教育教学改革、行为评价操作系统的建构和老师转型指南等层面回答"如何培养人",涵盖了全方位教育、教学、管理、评价的理论、策略与方法。

本书从某种程度来说,是对过往十年改革历程的回溯,也是在厘清源头后的创新。大量生动的事例让人身临其境,深刻的思考、艰难的探索,闪烁着一名教育急先锋的智慧光芒。其中,我们可以看到基础教育改革的一条路径、一个面相。

图书在版编目(CIP)数据

损益:团队型五人小组结构化教育教学改革研究/肖邦国著. —武汉:华中科技大学出版社,2022.4(2023.8重印)

ISBN 978-7-5680-8108-5

Ⅰ.①损… Ⅱ.①肖… Ⅲ.①基础教育-教育改革-研究-中国 Ⅳ.①G639.21

中国版本图书馆 CIP 数据核字(2022)第 059055 号

损益——团队型五人小组结构化教育教学改革研究 肖邦国 著

Sunyi——Tuanduixing Wu Ren Xiaozu Jiegouhua Jiaoyu Jiaoxue Gaige Yanjiu

策划编辑:	范 莹 李升炜
责任编辑:	朱建丽
封面设计:	原色设计
责任校对:	刘小雨
责任监印:	周治超
出版发行:	华中科技大学出版社(中国·武汉) 电话:(027)81321913
	武汉市东湖新技术开发区华工科技园 邮编:430223
录 排:	武汉市洪山区佳年华文印部
印 刷:	武汉科源印刷设计有限公司
开 本:	710mm×1000mm 1/16
印 张:	12 插页:4
字 数:	203千字
版 次:	2023年8月第1版第4次印刷
定 价:	48.00元

本书若有印装质量问题,请向出版社营销中心调换
全国免费服务热线:400-6679-118 竭诚为您服务
版权所有 侵权必究

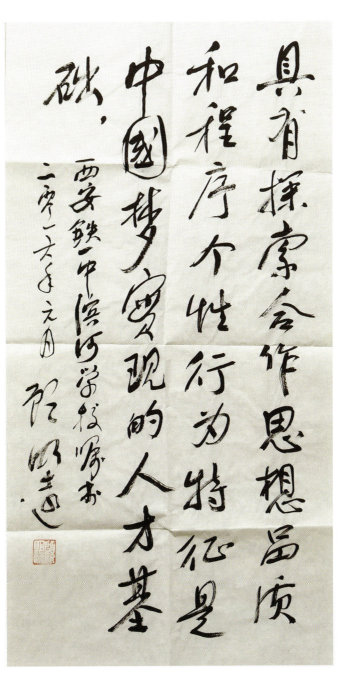

国家教育咨询委员会委员、教育部社会科学委员会副主任、
中国教育学会名誉会长顾明远题词

团队型五人小组结构化教育改革关键词

1 团队型五人小组关键词

学习单位　活动单位　管理单位

2 课程结构化关键词

课程研究结构化　课堂落实结构化　课堂评价结构化

2.1 课堂落实结构化

知识结构　必修作业　选修作业　学科活动　境读　抽讲

2.2 课程研究结构化

思维结构　知识建构　知识与能力

2.2.1 思维结构关键词

思维整体性　学段范围　建构顺序　境读　核心能力　探究结果　一级结构　二级结构　三级结构

2.2.2 思维整体性

依据课标　参照中高考　立足应用　大思维单元　小思维单元

2.2.3 学段范围

全小学段　全初中段　全高中段

2.2.4 建构顺序

形态认识　结构认识　功能认识　逻辑认知

2.2.5 境读

核心知识　生活化记忆　核心知识关键词之间的逻辑

2.2.6 核心能力

模型应用　两个以上核心知识结构支撑

2.2.7 探究结果

思维流程　规范呈现

3 三课思维关键词

知识建构思维关键词　记忆思维单元　能力建构的思维　试题训练的思维

3.1 知识建构思维关键词

课标/高考/中考定位　记忆思维单元　一级结构　二级结构　三级结构　境读

3.2 记忆思维单元

结构整体　记忆思维　记忆逻辑

3.3 能力建构的思维

核心能力　问题支撑　小组讨论　必修结论　选修生成　情感目标

3.4 试题训练的思维

必修试题　分层　单位时间　小组批阅　三维方向　抽讲　抽检

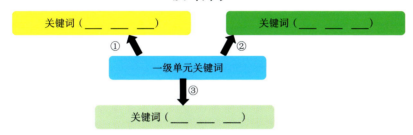

一级结构

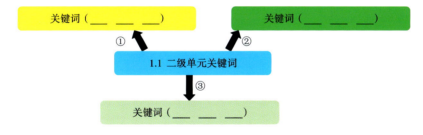

二级结构

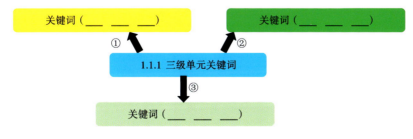

三级结构

三级结构图

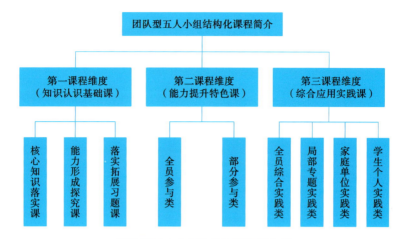

团队型五人小组结构化课程简介图

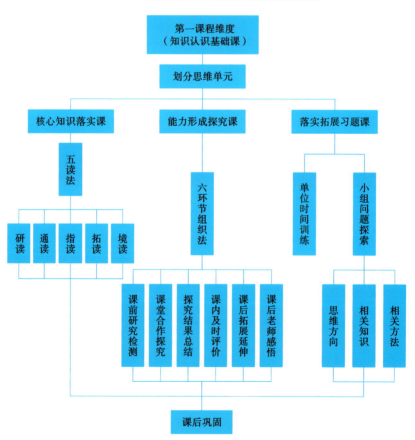

第一课程维度

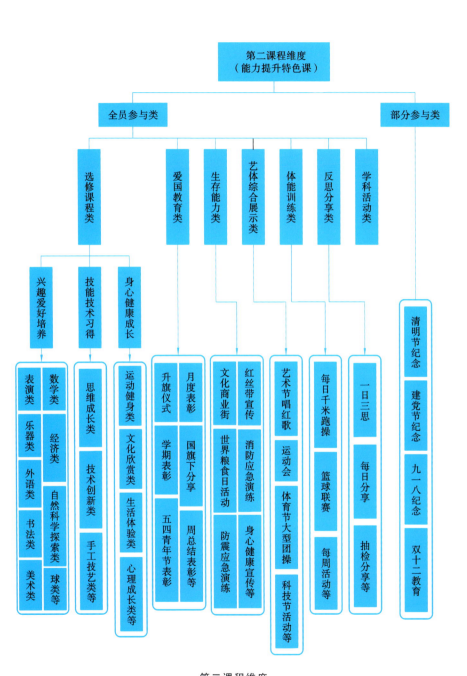

第二课程维度

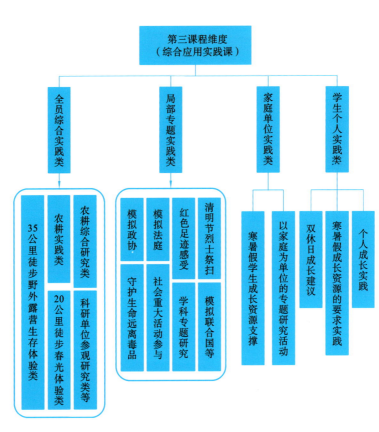

第三课程维度

教育感悟

- 教育的主要任务之一是促进个体人控制动物属性无限提升社会属性的过程。
- 教学是一门减法与加法的艺术。教学研究需用减法的思维,加法是学生自己的事。
- 教育是用来解放家庭的,不是用来束缚家庭的。
- 教育的能力目标最终是提升学生的认知能力,每个人的个人认知正确性一般不会很高,但自己都认为是百分之百正确的。
- 辩证思维的训练是提升认知能力的最佳路径。
- 结构化知识的要求就是见一点而知结构。
- 能力只能通过体验才能形成,支撑能力的一定是方法,在方法形成后就转换成知识了。
- 能传播的都是知识,知识是用来记忆的。
- 课堂是兜住底线、促进分化的场所。
- 是否是一节好课的评价标准:学生思维是否打开,规范的基本结论是否形成。
- 如果只是为了考试,单位时间内训练最有用。
- 合作也许浪费了一点时间,但一定能让你获得更多。
- 减量提质是教学研究的核心。
- 学校教育一定做到让学生不唯考试、不畏考试。
- 一个成绩很好的学生一定是学生自己学会的,老师一定不要认为是自己教会的,我们能教的只是价值观的判断标准。
- 正确的价值观是通过灌输形成的,绝不是通过讨论形成的。

- 学校教育首先是解决学不学的问题,其次才是如何学的问题。
- 在教育教学活动中如果形式是为内容服务的,那么形式就成为内容的组成部分,这样的形式就必须强化和内化。
- 核心知识结构化,结构知识场景化,能力问题探究化,应对考试训练化。
- 如果我们不在教育过程中改变学生,那么我们做老师的意义是什么?

序

党的十九大提出建设教育强国时再次强调要"加快教育现代化"。在第五次全国教育大会上,习近平总书记强调,教育要紧紧抓住"培养什么人、怎样培养人、为谁培养人"(以下简称"三个培养")这个主题,这为我国教育改革和发展指出了方向。今后,我国教育要由量的扩张向质的提升转变,质量是教育的生命线。提高质量要求全面贯彻党的教育方针,坚持立德树人的根本任务,发展素质教育,落实核心素养,提高学生综合素质。这些都要求深化教育教学改革,提高课堂教学质量。

课堂教学是实现教育功能的主渠道。学生在校的80％时间在课堂上度过。教育方针的贯彻,立德树人根本任务的落实,素质教育的推进,学生综合素质的提高,80％是通过课堂实现的。搞好课堂教学,提高课堂质量效益,是学校的第一要务,是校长、老师的第一任务。

提高课堂教学质量,一要有好的教材;二要有一支高素质的教师队伍,校长要领导好、组织好教学工作,老师要备好课、上好课。什么叫"好课"？课无定则,我认为好课应有"三有"和"三声"。"三有"是指有趣、有得、有助,学生听时有兴趣,听后有收获,长久有帮助。"三声"是指课上有笑声,下课有掌声,课后有回声。

本书是根据上述原则和思想而撰写的。笔者试图从理论和实践结合角度,阐述并践行如何落实"三个培养"这一根本问题。团队型五人小组结构化教育教学改革系统化的操作实践,从方法论的角度支撑了"三个培养"。本书提出了"团队型五人小组"和"结构化教育教学"的组织形式与教学理念,并进行了卓有成效的实践,具有前瞻性、引领性,颇有创意。笔者在书中创新性地提出了"多模态行为评价体系",这为当下基础教育评价改革的操作,提供了一种简约的方法。

笔者就教育理论观念提出一些鲜活的看法和见解,尽管不甚完美,需要进一步研究探索,并经过时间验证。应给予参与教育理论研究的一线校长、老师肯定和大力支持。笔者试图从实践者角度对教育的一些本质问题进行揭示和探讨,"教育的一项重要功能是限制人的动物属性和无限提升社会属性的过程""团队型五人小组结构化教育教学改革模式"等提法,具有一定的挑战性和争议性,有待进一步深入研究讨论,以达到求准、求真、求实的目的。

我很欣喜,在本书中,看到了一群心系祖国教育事业,走在教育前沿,求准、求真、求实的教育人。本书承载了笔者及其团队十年来的实践研究成果,既有研究型论述,也有纪实性对话,立足于实践者身份,在研究实践中探索前行。笔者及其团队的这种精神,值得肯定。

新时期,我国基础教育首要任务是提高质量。一要加强德育,特别要加强爱国主义教育、社会主义核心价值观教育和道德行为习惯教育。二要搞好课程教材建设,科学设置课程,坚持五育并举,坚持多样性,与时俱进。教材要坚持传统与现代并重,知识与能力并重,必修与选修并重,着重培养学生创新精神和实践能力。三要建设一支政治过硬、品德高尚、业务精湛、教学有方的教师队伍。四要改革创新,破解体制机制障碍。五要提高管理水平和效能。

现将本书推荐给广大教育工作者,以推动教育教学改革、全面提高教学质量,为国家培养更多更优秀的社会主义建设者和接班人。

最后,将习近平总书记的一句话,赠送给广大教育工作者,尤其是中小学校长、老师:"一个人遇到好老师是人生的幸运,一个学校拥有好老师是学校的光荣,一个民族源源不断涌现出一批又一批好老师则是民族的希望。"

2022年4月13日于京

自　序

　　基础教育为什么要不停地改革？通俗的回答大都是社会在发展，所以，改革也就呈现出多元的现象。这似乎总有一点不是很妥，直到"立德树人"作为教育的根本任务，方向就明确了。习近平总书记所提出的"为谁培养人？培养什么人？怎么培养人？"三个问题，把基础教育改革的根本问题指了出来，如果从这个方向去思考，基础教育的本质是不变的，即要培养能传承和发展优秀文化的要求是不变的，对人才能力的要求也是相对稳定的，变的应是培养的方法和手段。

　　改革的源头还得从2002年说起，因为一个偶然的机会，我来到了西安。跨入正在爬坡的百年老牌学校，坐在教室里的，是一群相对我曾经学校生源而言非常优秀的学生，我顿感自我提升的必要性。经过半年多日夜的准备，2004年，我带着十多年的教育实践和经验，来到陕西师范大学回炉重造，有幸拜到张迎春教授门下。因为张老师当时承担第八次教育改革（第八次基础教育课程改革的简称）的研究，我的研究方向也就集中于此，因研究需要，我认真研究了生物学科的课程标准，随后大量阅读了生物、物理、化学、历史等学科的课程标准解读，以及钟启泉、肖川等改革先行者的论著，从而全面了解了第八次教育改革的目的和任务。基于此，我的毕业论文获得了2006年教育部优秀论文，其中节选发表的两篇论文被人大复印资料《中学政治及其他各科教与学》全文转载。

　　在研究与实践中，我发现课程标准提出了新的学习理念，即自主学习、合作学习、探究学习，其中探究学习在高中毕业生学分要求中高达15个学分，比语文、数学、外语还高3个学分，这一变化撼动了我彼时的认知。然而，在物理、化学、生物课程标准解读中，都有基本相似的表述——高中学段有一次研究性学习即可的基本要求。如果按此解读，研究学习只需要在研究型学习的学分中体现，不一定在学科中去落实，如果是这样，第八次教育改革中的基本学习理念在各学科的进行中较难落实。

带着问题一路思考，时间来到2009年，我申请了以中华人民共和国科学技术部立项、教育部基础教育课程教材发展中心为实施单位的国家重大课题"建立和创新人才培养主题的开发研究"[编号2009IM010300]之子课题——"生物科学探究中数学模型建立和创新人才培养主题的开发研究"。2010年国家课题阶段性研究成果验收会议在西安举行，当时西安铁一中东校区（青龙寺）作为承办方，我有幸与第八次教育改革各课标组长进行了一次交流，并且围绕问题进行了比较激烈的争论。交流结束后，教育部基础教育课程教材发展中心有宝华处长建议我就交流主题"探究性学习在学科的地位"的思考书于纸面，在第二年阶段会议上再做交流。

2011年4月，课题阶段性会议在珠海召开，我受邀做了"探究不仅是一种过程，更是一种思维品质"的主题报告，会议现场，教育部基础教育课程教材发展中心付宜红处长建议我对目前的研究进行细化，并代表教育部中学组出席"2011创新方法高层论坛"。2011年12月，我作为教育部中学组全国唯一发言人在由科学技术部、国家发展和改革委员会、财政部、教育部、中国科学技术协会和国家知识产权局支持的"2011创新方法高层论坛"上做了"生物探究活动中创新意识的培养——探究不仅是一种过程，更是一种思维品质"的大会发言，与会代表就本人发言的内容进行了热烈的讨论。在为这次发言做充分准备的过程中，我清醒地认识到形成学生综合能力才是教育改革的方向，这也点燃了我进行教育改革实践探索的激情。2010年秋，我主持高三工作，通过讨论后与各备课组达成共识，在山东张竹元研究团队的协助下，学校针对高三二轮复习每节70分钟课时出版了一套《随堂清》教材，当年使用后效果显著。

2012年集团为丰满羽翼，创办了新校区西安铁一中滨河学校，这未尝不是实施教育改革的好时机！因此我向学校提出申请，作为教育教学主持人来到了这片充满希望的田野，借助前期课题研究的相关理论和实践成果，在九个初中班开始全面教育教学改革。彼时，我们的定位集中于两点，第一点确定"团队型五人小组"作为合作学习的基本单位，第二点确定核心课堂是自主合作探究型课堂。开学前我们仅凭八开四页的研究理论，开始了改革的实践，并把所有的改革方向统一在"团队型五人小组自主探究"上，初步的想法是"自主"解决知识问题,"探究"是解决能力问题。这种全面改革的行动,的确达到了激动人心的效果,让一所生源基础较差的学校一下子活了起来。

观诸现实,一系列的改革措施不仅唤醒了学生,也激发了老师的教学激情,教育在此生动了起来,课堂上学生没有打瞌睡的现象了。但改革的路上总是充满荆棘,一系列的问题随之而来,几乎每天课间都会就一节课如何上进行讨论,通过辩论大家找到了一个基本统一的操作思路,明确提出了"三部六环"的课堂形式,同时也提出了校内活动"重参与,轻表演",让更多的学生有更多的机会展示自己。此外,我们将选修课程制度化地确定下来,每周两节,每一个学生都必须选上自己心仪的选修课程。选修课程开设的最初目的只是让学生找到自己的兴趣,在热爱中释放自己,也在释放中找到乐趣,以减轻学习的压力。例如,开设的厨艺、陶艺、空竹、桥牌、各种球类、乐器类课程,颇受学生欢迎。在近百门的选修课程中,很快出现了一批具有专业水平的学生群体,这些高水平群体在后来的办学中发展成了各种专业团队,如足球队、民乐团、管乐团、弦乐团、各科竞赛团队等。这不仅丰富了校园生活,更张扬了学生的个性,也为学生人生职业生涯规划奠定了基础。

改革初期,我们首先触碰到的是作业量、作业批改、考试的目的等敏感问题,但这些问题又是基础教育难以绕开的症候,不从这里入手,就很难激发师生的活力。只有做到语文、数学、外语每天保证半小时的作业量,批改首先在学生小组内即时完成,老师随机抽阅,这样才能解放老师,使大家拥有充足的时间去做研究。这一改革的成果是学生在即时的批改中获得提升,老师在研究中体会到改革的乐趣。至于考试,成绩从来不只是用来评价老师的标准,而是具有唤醒、激励、甄别学生的综合功能。以上观点在彼时颇受非议,但改革的效果显而易见,学生非常享受在西安铁一中滨河学校读书的过程,初中部也在改革理念的引领下快速向前发展。

高中的改革是艰难的,2013 年西安铁一中滨河学校高中部开始招生,改革是否进入高中学段,大家有很多的争论。然而在我看来,如果将义务教育阶段的改革类比作"浅水"的农村改革,那么中学改革必然是"深水"的城市改革。为此,集团专门召开了一次研讨会,我在会上对各位校长和学科主任进行了一次答辩,尽管最终没有统一的结论,但改革的步调初步确定为缓步进行。缓步进行当真有所成效吗？在得到西安铁一中滨河学校校长和执行校长的默认后，前期以初一各备课组长一年来的改革经验为讨论对象，与各位任课老师进行了充分交流，很多时候大家激动得泪流满面，为学生的成长而感动。在改革理念得到由郭勇老师带领的高一团队全面认同之后，我带领老师进行实操研究。教育过程的实操是最大的难题，郭勇是军人出身，认定是对的就会坚定执行。

然而，改革的过程比想象更艰难，尽管许多学生被唤醒并焕发出青年人应有的活力，但仍有以做题为唯一学习方式的学生及家长出现短时的不适应。对此，不少家长与学生公开表示反对，甚至上升到了人身攻击的层面。庆幸的是，我们改革的方向是正确的，全体老师都在坚定前行。处理问题时，我们张开双臂欢迎质疑的家长到校沟通，经过反复交流，反对者开始持观望态度。前事不忘，后事之师。回望历史，每一次改革必然遇到许多阻力，而这些阻力将成为改革成果的垫脚石。因此，对于质疑的家长，我深表感谢。当时，每一节课我都要亲自核审教学资源，即便当时在上海学习，审课也从未停止。为了切实推进改革，教研进课堂成为西安铁一中滨河学校教研的一大特色。在改革最艰难时，王加奇校长亲自与老师对话，认同改革，并鼓励前行，庆群校长也在多方面鼎力支持，执行校长刘亚蓉更是坚定推进，学校上下做到齐心协力，共渡难关，教育的惊喜每天都会在校园里上演。

艰难的半年结束了，所有人都在等待着集团的评价成果。成果出来时好几位老师泪流满面，因为结果让所有的质疑者放下了质疑。期末家长会结束时，一行十几位家长来到我的办公室，一齐向我表达歉意。那一刻，我真的被感动了，觉得一切努力都是值得的。我也突然觉得我要真正感谢这些当初的质疑者，改革的初步成果也有他们的功劳。

中国的基础教育改革不同于世界其他国家，不仅要形成学生对学科的认知能力，还必须面对升学考试。第八次教育改革之初，有少量学校倡导不管考试，这显然是与中国的国情不符合的，注定是走不远的。西安铁一中滨河学校改革之初我就提出我们的改革是培养学生"不唯考试，不畏考试"的研究要求。显然用传统的复习方法是不可能取得满意效果的，于是我提出了"任一点切入复习法"，在提出基本构架后和各科老师进行反复沟通，达成共识。通过实践，这一改革措施取得了一炮走红的效果，也成功地扭转了民办学校招生的困局。

2015年12月29日,我带着一些困惑有幸拜访了顾明远先生,本来只安排了10分钟请教的时间,但我从当前的基础教育问题入手,汇报了我的一些解决方法和设想,后又与先生进行了深入的探讨,得到了很多指点,结束时已快下午1点了(花费了顾明远先生大约70分钟),不仅耽误了后面人的拜访,更是误了先生的午餐,在此我深表歉意。探讨结束后,先生竟爽快为我题字一幅并相赠,于我而言,这是莫大的荣幸!

转眼到了2016年,也是首届高三学生用"任一点切入复习法"复习接受高考验证的一年,我当时兼一个班的生物老师。彼时,谁也没有底。然而世事难料,在最后冲刺的时间,我的身体出现了状况,胃部长了一个很大的肿瘤,初步判断是良性的。在与手术教授交流时,他问我什么时候有时间,我说得等到学生高考完,他说早比迟好,我依然坚持到高考结束再做手术,幸运的是7月做完手术确是良性,感谢上苍,自当继续努力!

在我目送我们的学子自信满满地进入考场后,我一下子放心了,一时有感而发,回首三年,浮想联翩,信手作一打油诗以记之:

癸巳滨河举大旗,五人小组先确立。
探究点燃新思维,程序守住品质底。
家长学生同质疑,首届教师共砥砺。
联考坚定大方向,创新成为新风气。
三年往事记忆稀,滨河学子都志气。
心如止水迎高考,综合能力谁能敌!

2016年高考,所有学生都考出了令人惊喜的成绩,验证了改革的成功,真正实现了低进高出。真实的情况是无论哪种基础的学生,除两人因身体原因只考入三本高校外,其他都考入二本以上高校,当年一本率高达86.7%(全体在校学生)。更让人骄傲的是,每一个学生在离校时只把高考需要的用品带走,把有用的书籍等整整齐齐摆放在教室外的走廊,还留下了对学弟学妹的寄语,将教室打扫得一尘不染,把桌子擦成入校时的模样,开创了高三学生离校的新模样。

2017年9月17日,西安铁一中滨河学校迎来了一个特殊的客人,他便是贾虹生老先生。当时,我给先生做了西安铁一中滨河学校全面改革的汇报,得到了先生的充分肯定和鼓励。在交流中,先生提到改革的定位时说:"现今美国的基础教育已不再是创新能力，而是创业能力，中国的基础教育不能落后。"听完我感触良多，基础教育事关国家未来20年后的人才培养，不能没有前瞻性，经过多次研讨，我把教育改革的基本方向定位到三个维度，即担当精神、自由品质、创业能力。在三个改革方向明确后，其他的研究顺利推进，明确了每一个学生都应以争得荣誉才是担当责任的行为表现，严格遵守程序后的个性张扬才是真正的自由品质，具备了合作品质和探究习惯的人才可能具有创业的基本条件。

进入第二轮初高中全面改革时，知识和能力的剥离成为改革新的瓶颈，我在研究中发现真正的能力必须通过探究才可能生成，凡是老师讲的或从书上看到的都只能是知识，在探究中才可能真正实现情感目标，于是提出调整课堂落实目标的顺序及落实动词的表述研究。在改革的进程中我又提出启动以章节为单元的结构化研究，从而才真正打开了系统化教育研究之门。

随着研究的深入，我逐步清楚地认知到基础教育的学科课程课型应该是三个大类，即核心知识落实课、能力形成探究课、落实拓展习题课，结构化研究更有效地支撑了"团队型五人小组自主探究"的教育教学方式，也让学生真正在以五人小组为基本单位的学习中实现"兜住底线，促进分化"的课堂。但要实现综合素养的全面提升，还要每人都必须参与的选修课程、学校设计的节假日校外综合社会实践课程体系。由于对课程系列化的建构，学生综合素养得到全面提升。

一系列的改革让西安铁一中滨河学校成了西安最热门的学校之一——2019年西安市小升初报名人数最多的学校。第二届以后高考一本上线率达到了96%以上，2020年高考600分以上的人数达到了297人。

2020年我接到调令，负责筹建西安国际港务区铁一中陆港学校，经过大家的努力，学校在2020年9月顺利实现"三一同开"（这里的三一是指小学一年级、初中一年级、高中一年级）。在这片教育沃土上，我全面开展了基础教育全学段的改革，因为有西安铁一中滨河学校为期八年的理论建构和实践积累，在小学的家长会上，我对家长们做出了"解放学生，解放家长"的承诺，承诺在小学低段没有家庭书写作业。此外，我也全面把小学语文和数学的能力与知识积累进行了课程剥离性设置，为小学、初中一体化教育改革奠定了坚实的基础。经过近半年的改革实践,我们惊喜地发现学生的成长远远超出了预期,而这一变化得到所有家长的认同。如果小学、初中一体化教育改革能够顺利完成,则有可能在义务教育学段为学生节约近两年的时间。学生可以利用这一时间去对自己热爱的领域进行相关的研究,也可以进入高中深造学习。换句话说,我们的学生可能因为时间的优势而成为社会竞争中的赢家。

在西安铁一中陆港学校的一年多时间内,实现了基础教育全学段改革的加速,比较完整地建构出了小学综合素质落实的成长体系、开发出了大量的学具和校本教材,全面实现国家"双减"要求。整个学段结构化教学已初步形成以学科为特点的学段内结构化整体研究,为高考改革打下了坚实的基础。教育评价指标行为操作体系也系统化地开发落地,让整个改革体系化建构上了一个全新的平台。

总体来看,我们的教育改革以理论研究、实践操作、综合评价为框架,支撑起"立德树人"的总目标。这场教育改革体现了教材结构化、课堂结构化、资源结构化、课型结构化、活动结构化、评价结构化的总体特点。从德、智、体、美、劳、合作和创新等七个维度建立起对人才培养的立体通道。从本质上看,本次改革是做减法,留出时间让不同的学生自己去做加法,反复落实减到极处的知识和能力,然后让每一个学生带着能力自我飞跃,最终达到让学生的认知能力得到提升的目的。

最近我又深入研究了新课程标准提出的"大概念教学"问题,发现如果大概念教学是一种方向,我们的"结构化改革"就是体系化支撑这一改革方向的成功实践体系。

可喜的是西安铁一中陆港学校的每一个学段经过一学期探索与实践,每一个老师都投身于自主自发的研究洪流当中,有的老师甚至不知疲倦,这或许便是改革的希望和成功的基础。

更可喜的是引导本次改革的"基础教育质量 AI 多元立体行为评价平台"完成了教育与技术开发的转换沟通,并开始全面研发,在本学期进入调试使用。这一评价体系将一改现行所有评价的指标评价体系,在评价操作层面的全新建构时,直接用评价对象的行为去判定教育的底线要求是否实现。这是一套操作高效、对学生成长具有极大包容性的动态成长引导评价操作体系。

回顾整个改革历程，皆逃不出"益""损"二字。这个概念源于《道德经》第四十八章"为学日益，为道日损。损之又损，以至于无为。无为而无不为。取天下常以无事"。我们的改革理念也与先秦哲学家老子"大道至简"的哲学观点不谋而合。未来的教育是"授之以渔"的授业过程，而学生则是根据自己的能力每日通过自我学习不停积累而养成"终生学习"习惯。基于此，本书定名为《损益——团队型五人小组结构化教育教学改革研究》。

目　录

第一部分　为谁培养人——从文化看教育

第一章　基础教育面临的问题——基础教育与文化传承 ……………（3）
第二章　基础教育改革——"大概念教学"与"学科结构化" ………（17）

第二部分　培养什么人——"三品质""三能力"的形成

第三章　思想道德品质 ……………………………………………（25）
第四章　创新思维品质 ……………………………………………（29）
第五章　探究思维品质 ……………………………………………（32）
第六章　合作能力的形成 …………………………………………（37）
第七章　学科能力的发展 …………………………………………（41）
第八章　认知能力的提升 …………………………………………（45）

第三部分　怎样培养人——团队型五人小组结构化教育教学改革

第九章　教改历程:新教育教学模式的形成及确立 ………………（55）
第十章　立德树人:合作能力在教改实践中的形成 ………………（94）
第十一章　课程改革:课堂目标的转换及结构化知识体系的确立 ……（108）
第十二章　评价改革:评价方向的调整及细则的制定 ……………（140）
附录 A　教改理论依据 ……………………………………………（149）
附录 B　教改展望 …………………………………………………（161）
附录 C　西安铁一中陆港学校日常操作指南 ……………………（162）
后记 …………………………………………………………………（175）

第一部分 为谁培养人
——从文化看教育

在漫长的社会发展过程中,文化与教育以人为媒介,共生共存,相互作用。

追根溯源,文化这一概念出自《易经》贲卦《彖》辞:"刚柔交错,天文也。文明以止,人文也。观乎天文,以察时变;观乎人文,以化成天下。"而在现代语境中,文化一般被认为是凝结在物质之中又游离于物质之外的,能够被传承和传播的国家或民族的思维方式、价值观念、生活方式、行为规范、艺术文化、科学技术等,它是人类相互之间进行交流的普遍认可的一种能够传承的意识形态,是对客观世界感性上的知识与经验的升华,它担负着整合社会群体、导向性选择、维持秩序、传续、创造文明等职责。而历史的发展和变迁无疑为文化增添了一份厚度——它既包含历史的沉淀,也包含不断容纳诞生的新内容。换句话讲,文化的"永恒性"与"变动性"是并存的,其中,"永恒性"即指文化背后的民族特点和内涵。"变动性"则更多的是科学技术的进步推动着文化内容和呈现方式的变化。

与"文化"相似,教育同样具有如上特点。钱穆曾在《文化学大义》中讲到,"一切问题,由文化问题产生;一切问题,由文化问题解决。"[1]教育的发展无疑受到文化的影响,与此同时,教育也为文化的发展做出了不可磨灭的贡献。西方心理学家荣格在论述集体无意识时,讲到一切文化最终都会沉淀为人格,即文化的终极目标在于"化"人,"人"便是文化的符号表征。那么在这一过程中,教育为"化人"提供了一个场域。因此不难看出,教育的方向和目的,即在于传承文化、发展文化。教育改革的方向如果不站在文化角度上思考,只能算作是"如何培养人"层面上的改革。

中国共产党十八大(2012年)以来,中国社会在进行新的全方位变革。教育

---

[1] 钱穆.文化学大义[M].台北:正中书局,1952.

改革也进入一个新的历史阶段,确定把立德树人作为教育的根本任务,明确了社会主义核心价值观的内容,提出了教育要解决的三个问题,即为谁培养人、培养什么人和怎样培养人。在我国迈向社会主义新时代的征程时,又提出要建立四个自信,即道路自信、理论自信、制度自信和文化自信。值得一提的是,"三个问题"的提出和"四个自信"的强调,皆基于历史的发展、社会的现状和教育的困境。

第一章　基础教育面临的问题
——基础教育与文化传承

改革开放以来,基础教育为国家现代化建设培养了大量人才,推动了现代化的进程。然而随着全球信息化和智能化的发展,现行基础教育与时代快速发展对人才需求的矛盾越来越凸显。与上述问题相关联的,便是某些社会问题的逐步暴露。例如,信仰缺失、诚信缺失、文化自信不足、家国情怀不强、个人主义突出、贪腐问题、创业能力不足等。若不能妥善解决,从长远的角度来看将会影响到国家的发展和稳定。若要解决如上问题,则需要以史为鉴,从教育的本质及沿革,看当下基础教育所面临的困境。

(一)新文化背景下对教育基本问题的重新审视

1. 教育的本质

《中庸》第一章这样提到了教育:"天命之谓性,率性之谓道,修道之谓教。"因为环境是多元的,人们通过各种方法保证人能免受不良环境影响而实现自然成长的过程就是"教"。

在"教"的思想引导下,孟子主张"设为庠序学校以教之"。当时的教育主要是关注人伦,通过"父子有亲,君臣有义,夫妇有别,长幼有序,朋友有信"的教育要求,期望达到邻里乡党"出入相友,守望相助,疾病相扶持"的目的。这是一种典型的构建和谐社会的教育思想,也是人类社会永远都在追求的一种理想社会。

根据基因在进化中的行为变化规律,可以这样去理解教育的作用,即人类在不同文化和自然条件下经过长期进化,会形成具有与外界环境相适应的基因特点的人群。从现代遗传学角度出发,"天命"即为地域及家族等因素所导致的人的先天差异性。

从人类的起源来看,人类首先具有的是动物属性。所谓动物属性最主要是指生存性和繁殖性。如果我们过分强调动物属性,那就是对物质的占有性,这种特性放在人类社会中,就是无限的占有欲。然而人类还有另一个属性即社会属性(社会性)。人类的社会属性就是指人在社会团体中每一个个体与其他个体或整体所发生一系列关系的总和。其主要包括个体之间的斗争和合作、个体与群体利益分配关系、所在群体与其他群体的斗争和合作等。狭义上的社会性可以理解为家族性、阶级性和民族性。如果从个体占有角度来讲,社会性就是一种利他性,通过每一个个体的利他性,换取群体的强大(包含生产力的发展),进而保证每一个个体的生存安全和生存层次。显然教育应该是一个促进人的社会属性变得强大,让动物属性在一定的范围内得到限制的过程。因此,如果从人类的二重属性出发我们可以给教育下这样一个定义,即教育是促进个体控制动物属性,无限提升社会属性的过程。

2. 教育发展的脉络与不同时代教育承载的任务

教育自产生就与学科设置有了必然的关系,学科是支撑教育实现的载体,通过学科这一载体来实现教育提升人的社会属性的目的。由于不同时代对人才特点的需求侧重不同,因而出现了不同的课程设置。下面讲述设置学科的历史延续。

1) 古代私塾学制

内容基本延续六艺,包括礼、乐、射、御、书、数。教学的内涵在不同的时代有所不同,这一基本体制一直延续到工业文明开始。

2) 壬寅学制

1902年8月,清廷公布了管学大臣张百熙主持拟定的一系列学制系统文件,统称《钦定学堂章程》。因该年为农历壬寅年,故该学制称为"壬寅学制"。这是中国近代第一个以中央政府名义制定的全国性学制系统,具体规定了各级各类学堂的性质、培养目标、入学条件、在学年限、课程设置和相互衔接关系。但该学制公布后未及实行就为"癸卯学制"所取代。

3) 癸卯学制

1903年(光绪二十九年)7月,清政府命张百熙、荣庆、张之洞等人以日本学制为蓝本,重新拟订学堂章程,于1904年1月公布,即《奏定学堂章程》。是年为农历癸卯年,故该学制称为"癸卯学制"。其影响直到现在。

4) 壬子癸丑学制

1912年9月,南京临时政府公布民国学制系统的机构框架,称为"壬子学制",此后至 1913 年 8 月期间,又陆续公布了一些法令法规,使"壬子学制"得以充实和具体化,综合起来形成了一个全面完整的学制系统,称为"壬子癸丑学制"(民国学制),又称为"1912—1913 年学制"。该学制是民国的第一个学制,它是民国初期的中心学制。

5)"新学制"

1922 年 11 月,以大总统令公布了《学校系统改革案》,即 1922 年的"新学制",或称为"壬戌学制"。由于该学制采用的是美国式的六三三分段法(此前的教育改革主要是借鉴日本的教育制度),又称为"六三三学制"。该学制中各教育阶段,基本上是依据我国青少年身心发展的特点来划分,这在中国近代学制发展史上是第一次。该学制对辛亥革命以来教育改革的理论和实践进行了较好的总结,是新文化运动在教育领域的一个积极成果,是中国近代教育史上的一座里程碑。该学制公布后,除进行个别调整外,一直沿用到中华人民共和国成立前。

6) 中华人民共和国学制的变迁

中华人民共和国成立初期,我国沿用民国时期的基本学制,实行初小 4 年、高小 2 年、初中 3 年、高中 3 年的学制。1952 年开始推行小学 5 年一贯制,后暂缓实行。1958 年再次推行小学 5 年一贯制。1960 年提出缩短学制,小学 5 年,推行到 1982 年;高中减为 2 年,推行到 1962 年。人民教育出版社根据 1961 年教学大纲于 1962 年出版了 10 年制课本。1970 年遵照最高指示,"学制要缩短,教育要革命",中学改为 4 年,初中、高中各 2 年,有的地区推行过中小学 8 年一贯制。1978 年决定将中学学制改为初中 3 年、高中 2 年。1982 年北京、天津、上海、浙江联合编写的六年制小学课本投入使用,开始实行 12 年制,小学 6 年,中学 6 年。人民教育出版社则分别为 5 年制小学和 6 年制小学编写课本。1986 年,《中华人民共和国义务教育法》颁布,全国开始逐步推行九年义务教育,1993 年秋季起全面实行九年义务教育。小学和初中的具体划分呈现多样化,有五四、六三或九年一贯制等做法。各地的课本编写、出版趋于多样化,能够充分体现地方特色,根据具体需求选择教材。

3. 我国不同时代对基础教育承载任务的要求不同

在五千多年中华文明演变过程中,我国经历了农耕文明、工业文明、信息文明。不同的时代对教育要求不同,基础教育承载的任务也不尽相同。顺应时代要求,快速推动社会进步,如果没有顺应时代要求,就会延迟社会进程。各时代教育所承载的要求如表1-1所示。

表1-1 各时代教育承载要求差异表

承载要求	时代		
	农耕文明时代	工业文明时代	信息文明时代
社会的基本需求	部分人具有基本的读写、记账能力,以及为进一步学习相关技术奠定基础。修身、齐家、治国、平天下	要求每一个公民都具有最基本的学科知识,为进一步进行相关技术学习奠定基础。爱国、科学、制度、自由、情感、意志力	要求每一个公民都具有获取知识、掌握相关基本技术的能力。富强、民主、文明、和谐、自由、平等、公正、法治、爱国、敬业、诚信、友善
教育传承的方式	以口传身授为主要传承方式。家族或师徒为传承的主流方式	以学校、家族为主流方式	学校、辅助教育机构、家庭、媒体等综合影响,具有全球性特点
知识传承的特点	以师徒、私塾为主要传承渠道	班级授课为主渠道,以学科为体系,以知识传承为目的	以班级作为授课传承的单位,也可以通过非班级传承知识。可以打破学科体系,以学力形成为目的
技术发展的特点	缓慢、相对恒定	技术高度社会化、规模化	每天都在发生技术的革新,技术更加规模化,操作向两个极端发展
技术传承的特点	有要求、无落实	以企业培训为主体技术传承	旧技术多以标准化多元培训传承,新技术每天都在创新产生,快速多元传承
价值观传承渠道	学校(私塾)、家庭、师徒、宗教	学校、家庭、社会团体、宗教	学校、家庭、媒体、社会团体、宗教等
落实教育的措施	礼、乐、学校传授	课堂讲授、社会实践	合作落实、体验内化
社会评价的方式	推举、科考	单一性考试制度	多元考试制度

从表1-1中不难看出信息文明时代,学校教育的任务除知识传承外,更重要的是建立学生的正确价值观,时至今日时代已进入信息文明时代,然而当代文化教育的大多数功能还停留在工业文明时代。

4. 教育过程中的"德"与"技"

教育过程从本质上看就是要形成社会主流价值的"德",掌握时代生存和发展所需的"技"。"德"从人类二重属性来看应属于社会性,社会性的基础即人文性,所谓的人文性应包含两个方面的特征,第一是在严格约束下的自由,第二是发自内心替他人着想的善良。

"德"在中国历史上很早就基本形成了价值取向,《尧典》之"四德"即"直、宽、刚、简";《孟子·告子上》之"四德"即"仁、义、礼、智";《周礼·大司徒》之"六德"即"知、仁、圣、义、忠、和"。由此演变出"仁、义、礼、智、信、恕、忠、孝、悌"等儒家思想的核心,形成了影响中国几千年的伦理道德。例如,天人和谐、人与人之群体和谐、人自身内外和谐、"孝"为德之本、以天下为己任、天下兴亡匹夫有责等社会价值取向。

不论哪个时代的"德"都应具有以下基本属性:共同性、民族性、阶级性、历史继承性、自律性等。今天学校教育中的"德"应首先基于社会主义核心价值观,针对学生的基本特点,确定出可以操作的德育构架,形成基本的人文素养,树立人生奋斗目标,最终形成以为祖国富强而奋斗作为最高价值取向的德育体系。

在教育过程中分析"德"与"技"的关系,包括以下几个层面:"德"是"技"的前提,"技"是"德"的载体,以"德"促"技",以"技"养"德"。

1)"德"是"技"的前提

对学生而言,"德"是理想、是信念、是自律、是责任。在学生通过日常学习建立起正确的价值取向后,他就会静心按照学校的要求去完成相关的学习任务,让自己逐步强大起来,也会带动组内或班内同学上进。所以,教育过程首先应立足于育人的过程。在学生树立了正确的价值取向后,学习就变得不再痛苦和艰难,学生就能体会到为理想努力奋斗的那种"辛苦但很快乐"的感觉,这样的感觉才可能是成长的快乐。

2)"技"是"德"的载体

"德"是在学生体验过程中被激发形成的,不是通过简单的说教就可以实现的,有时德还需要在错误中修正才可以真正形成。在学校教育过程中只有把知识学习和方法形成的每一个过程作为"德"的平台,学生才可能在日常学习过程中逐步积累形成正确的价值观、世界观。

3) 以"德"促"技",以"技"养"德"

在教育过程中,尤其对一些学习较好的学生而言,要想有更大的进步,就要从他的理想、价值观方面进行提升。当一个人的价值观层次提升到一定的高度时,个人的潜能就会在很大程度上被激发出来。如果"技"不养"德","技"越高,对社会的危害风险也在升高。当今社会某些腐败现象就是教育过程中"技"不养"德"的恶果。"德""技"都属于社会属性的范畴,但对社会属性的提升而言,应以"德"为首,将"德""技"双高型人才培养视为真正的教育追求。

墨子有云:"德为才之帅,才为德之资。德器深厚,所就必大;德器浅薄,虽成亦小。"在基础教育阶段无论课程有多么重要,在一个孩子成长过程中,德即正确价值观的建立一定居首位,只有解决了这个问题,某些教育悖论和教育功能异化等问题才会迎刃而解,核心素养才可能在基础教育领域真正落地。

总之,在社会主义革命和建设新时代,"德"的核心内容就是社会主义核心价值观。基础教育是动物人走向社会人的关键期。只有把社会主义核心价值观从学校、家庭和社会各个层面落实到青少年成长过程当中,青少年才会健康成长。正确的价值取向,会从本质上激发青少年的学习动力和创造激情。

立足在社会主义核心价值观这一文化背景下,基础教育的培养目标可以从三个方向定位,即担当精神、自由品质、创业能力。

(二)文化逻辑与教育改革

如上文所言,养成"德",习得"技",是基础教育旨要所在。而追根溯源,"德"与"技"皆以"文化"为底色,由此生发。

2017年版2022年修订的普通高中各科课标中明确表示,课标修订的基本原则之一是"坚持正确的政治方向","继承和弘扬中华优秀传统文化、革命文化,发展社会主义先进文化",最终"使学生坚定中国特色社会主义道路自信、理论自信、制度自信和文化自信,引导学生形成正确的世界观、人生观、价值观"。2022年版《义务教育课程方案》也明确提出:课程教材"必须坚持马克思主义的指导地位,体现马克思主义中国化最新成果,体现中国和中华民族风格,体现党和国家对教育的基本要求,体现国家和民族基本价值观,体现人类文化知识积累和创新成果"。

课程标准及课程改革方案无疑是基础教育发展的指南针,那么"文化自信"为何被置于如此重要的位置?为什么教育改革必须坚持文化自信?暨南大学刘涛教授曾在《教育改革要坚持文化自信》一文中指出,"文化是一个民族最基本的社会意识形式,在一定意义上构成了社会实践的底层语言。"某一时代特定的文化逻辑,影响了其实践逻辑。而作为人类知识和思想传递行为的教育实践,必须遵守一个时代普遍共享的文化逻辑。教育改革,即是探寻一种新的教育实践,其应在文化逻辑的基础上生发。①

那么当下的文化逻辑究竟是怎样的?我们为何要在基础教育阶段注重对传统文化的传承?论述至此,我们需要观诸历史、揆诸现实、探寻答案。

"文化自信"的提出,无疑与现代文化和传统文化之间的断层息息相关。这里所提到的"现代"与"传统",已然不再是简单的时间概念,而是指经过"现代化"发展后,文化所呈现出的"现代化"特征。

在许纪霖和陈达凯看来,现代化不仅仅是生产方式的转变或工艺技术的进步,它也是一个民族在其历史变迁过程中文明结构的重新塑造,是包括经济、社会、政治、科技、文化诸层面在内的全方位转型。中国在这一转型中,付出了较为惨痛的代价。中国传统文化博大精深,源远流长,曾辐射东亚地区,一度成为世界的文化中心。但伴随鸦片战争的爆发,国门被打开,文化被侵略——曾经的辉煌成为"糟粕",曾经的中心,只能成为强势的西方文化的一个"他者"。从"西学东渐",到"打倒孔家店",从康有为提出的"道可变"到五四时期陈独秀、胡适等人高举"科学""民主"两面大旗,现代文化与传统文化中间,逐渐出现断层。当然,前人对文化的判断和处理,有其特殊的语境,现在看来,或许带有"矫枉过正"的嫌疑。但无法否认的是,部分优秀的传统文化,在中国现代化的进程中,曾退出基础教育的舞台。

1. "中医"与"阴阳五行"

2017年,浙江省发布了全国首套小学中医药教材《中医药与健康》,而浙江省也成为全国首个将中医药知识纳入中小学地方课程的省份。这套教材的颁

---

① 刘涛.教育改革要坚持文化自信[J].教书育人,2017(20):1.

布,旨在增进青少年对中华优秀传统文化的了解与认同。2016年,科技部、中宣部等部门印发了《中国公民科学素质基准》(下文简称《基准》)。其中,"阴阳五行、天人合一、格物致知"等中国传统哲学思想观念成为其132个基准点之一。

国力的强盛使我们对五四时期以来的话语体系有了审视和反思。"科学"的界定,也随着时代的发展而变化。在当代的文化逻辑中,科学需要在历史和文化中去考察。"阴阳五行、天人合一、格物致知"是哲学范畴的科学认知观,这种认知观从某种程度上看是立足于宇宙的系统化角度去思考地球生命规律的系统化思维体系。

中医理论亦是如此,其每一个环节都是系统学和方法论的整合。中医形成的医案大都经过了成千年的实践认证。例如,中医用药的"君臣佐使"就突出了自变量和干扰变量的关系,同时又科学地把自变量和干扰变量有机统一到一个系统化的作用体系中,使结果达到了 $1+1>2$ 的效果。这种智慧在科学发达的今天也令人叹服。

再者,从中药的药性表述上也不难看出,每一种中药都有相应的经脉,这是中医的逻辑,每一种药都有一种应用逻辑,每一种药方就是一个逻辑体系,再加之每人一脉,一脉一逻辑,复杂性远高于工业发动机的复杂性。所以,对中医科学体系的认知要从中医自身建立,不可全然模仿西医体系。可以这样预言:中医学体系与量子科学体系逻辑上有高度的相似性。因此,从量子科学体系角度分析中医学体系,不失为一个很好的切入点。而学习中医,需要重视实操,并将理论与实际相结合,最后深研体系,才可能传承一家之学。这种传道的方法符合我们当下对"科学"的前沿认知。

因此在这样的背景下,曾经被排斥于基础教育之外的优秀传统文化逐渐回归。现如今,就读于医科大学的大一学生,需要接受中西医并重的专业训练。中医也被写入基础教育的课标。我们逐渐意识到中医不可替代的作用。上述现象,为传承传统文化的我们,打上了"自信"的烙印。

2. 文艺审美背后的哲学思维

需要指出的是,"中医"与"阴阳五行"背后所具有的"系统性"哲学,在中国传统文化的其他方面也有所体现。

传统的民乐、绘画、戏曲、武术等,与中医、阴阳五行共同构成了中华文化的灿烂瑰宝。与后者不同的是,前者的首要作用在于审美。但细思之后,不难发现,在审美的背后,亦是系统化的思维方式。

民乐的组合方式是系统而多元的,可以根据场合的不同,调整乐器和乐手的配置。但无论有何种变化,以"宫商角徵羽"为基本音调,以木管乐器、弹拨乐器、弓弦乐器与打击乐器为建制,不同系统的搭配可以演奏出不同风格的乐曲。

线描——中国画的主要造型手段。线描是运用线的轻重、浓淡、粗细、虚实、长短等笔法表现物象的体积、形态、质感、量感、运动感的一种方法。特点简练、清晰,可刻画各种现象。在中国绘画中,线描既是具有独立艺术价值的画种(白描),又是造型基本功的锻炼手段,还是工笔画设色之前的工序过程。线描不仅可以勾画静态的轮廓,还可以表现动态的韵律。中国历代画家对线有着深刻的认识和高超的创造,他们用千姿百态的线,抒发情感,描绘自然,使"线"在艺术作品中展示出独特的魅力。运用线的疏密、曲直排列变化,来表现黑白关系,既表现人物形象又富有审美情趣。

线描从哲学的观点分析,核心是抓住一个人或物体的灵魂,确定了灵魂,细节上大胆想象并表达画家的思想。从能力角度来看,以真实为基础,以把握真实的系统性为表达目的,其他部分均可取舍,以达到画家表达情感的目的。线描是多元的。

京剧舞台艺术在文学、表演、音乐、唱腔、锣鼓、化妆、脸谱等各个方面,通过无数艺人的长期舞台实践,构成了一套互相制约、相得益彰的格律化和规范化的程式。它作为创造舞台形象的艺术手段是十分丰富的,而用法又是十分严格的。表演艺术更趋于虚实结合的表现手法,最大限度地超脱了舞台空间和时间的限制,以达到"以形传神,形神兼备"的艺术境界。表演上要求精致细腻,处处入戏;唱腔上要求悠扬委婉,声情并茂。武戏不以火爆勇猛取胜,而以"武戏文唱"见佳。

京剧表演的四种艺术手法,即唱、念、做、打,也是京剧表演四项基本功。京剧舞台上的一切都不是按照生活里的原貌出现的,而是根据所扮演角色的性别、性格、年龄、职业及社会地位等,在化妆、服装各个方面加以若干艺术的夸张,这样就把舞台上的角色划分成为生、旦、净、丑四种类型。

京剧唱腔主要分为"西皮"与"二黄"两大类。发音技巧分为真嗓、假嗓、左嗓、吊嗓、喊嗓、丹田音、云遮月、塌中、脑后音、荒腔、冒调、走板、不搭调、气口、换气、偷气、嘎调、长吭、砸夯等。京剧的板式是指唱腔的板眼结构形式,通俗地讲就是唱腔节奏。通常京剧的板式有四类：一眼板、三眼板、无眼板、散板。在各种声腔中，原板是变化的基础。除原板外，还有慢板、快板、导板、摇板、二六、流水板、快三眼等。

京剧脸谱的分类：红脸含有褒义，代表忠勇者；黑脸为中性，代表猛智者；蓝脸和绿脸也为中性，代表草莽英雄；黄脸和白脸含有贬义，代表奸诈者；金脸和银脸显得神秘，代表神妖。

京剧伴奏乐器分打击乐器与管弦乐器。打击乐器有板、单皮鼓、大锣、铙、钹等，称为"武场"。管弦乐器有京胡、京二胡、月琴、三弦，称为"文场"。

舞台道具也称为砌末，砌末是大小道具与一些简单装置的统称，是戏曲解决表演与实物矛盾的特殊产物。传统戏曲舞台上的砌末包括生活用具（如烛台、灯笼、扇子、手绢、文房四宝、茶具、酒具）、交通用具（如轿子、车旗、船桨、马鞭等）、武器（又称为刀枪把子，如各种刀、枪、剑、斧、锤、鞭、棍、棒等），以及表现环境、点染气氛的种种物件（如布城、大帐、小帐、门旗、纛旗、水旗、风旗、火旗、銮仪器仗、桌围椅披）等。除常用的砌末之外，也可根据演出需要临时添置。戏曲舞台上并不回避"露假"，也不要求一一写实。扬鞭以代马，摇桨以代船。

中国武术是古代军事战争的一种传承技术。习武可以强身健体，亦可以防御敌人进攻。习武之人以"制止侵袭"为技术导向，引领修习者进入认识人与自然、社会客观规律的传统教化（武化）方式，是人类文明的导向和保障，是当代传统武学艺术的一种展示。

武术的目的不仅是竞技，更是制止暴力，维护稳定的修身、修心过程。中国的传统武术比赛，倡导的是点到为止，不倡导以性命相搏。武术的修习过程以立德为基础，因此，传统武术进校园，也是落实"立德树人"的过程。

上述传统技艺，在审美的背后，是缜密的哲学体系。而这种体系，从某种程度上来说，是对系统论的写照。

放眼西方艺术形式，无论是音乐，亦或是美术、歌剧、拳击等，都在系统与结构中着重于"点"的突出。

以素描为例，素描（drawing）是描绘者在既定的面积或在平面的物质（纸、布……）上描绘出外在的形体在空间中的位置，并借此训练来掌握物体的明暗层次和基本形象。

大多数的画家在绘制一幅油画或壁画之前，便先有绘画雏形出来，而这个简单几笔的雏形画,便是素描,素描是在画完雏形外,再添加细部光影变化的描绘。而素描的目的在于作为画家视觉的记录。素描是绘画的基础,绘画的骨骼;以单色线条来表现直观世界中的事物,亦可以表达思想、概念、态度、感情、幻想、象征甚至抽象形式,是着重结构和形式的记录艺术。一幅出自风景画家的速写素描通常是一幅小而快的记录,用来表现风景的光线效果,同时也是为将来重新作画时的构想进行准备。

从哲学角度看"西方素描",其注重整体对象的视角观察逻辑,表达事物的位置关系。对欣赏者而言,具有直观性、真实性的结构感。

再来看歌剧,歌剧(opera)是一门西方舞台艺术,简单而言就是主要或完全以歌唱和音乐来交代和表达剧情的戏剧。歌剧在17世纪,即1600年前后,出现在意大利佛罗伦萨,源自古希腊戏剧的剧场音乐。歌剧的演出和戏剧的所需一样,都要凭借剧场的典型元素,如背景、戏服及表演等。

一般而言,较之其他戏剧不同的是,歌剧演出更看重歌唱和歌手的传统声乐技巧等音乐元素。歌手和合唱团常有一队乐队负责伴奏,有的歌剧只需一队小乐队,有的则需要一完整的管弦乐团。有些歌剧会穿插舞蹈表演,如不少法语歌剧有芭蕾舞表演。歌剧被视为西方古典音乐传统的一部分。

歌剧也是西方艺术文化的一种综合呈现方式,因不同地域,产生的表现方式不同,歌剧具有较大的开放性和创造性的特点。

拳击(boxing)是戴拳击手套进行格斗的运动项目。它既有业余的比赛(也称为奥运拳击),也有职业性质的比赛。拳击被称为"勇敢者的运动"。比赛的目标是要比对方获得更多的分以战胜对方或者将对方打倒而结束比赛。与此同时,比赛者要力图避开对方的打击。拳击更多地强调了个人的力量之美。该运动可以激发个人斗志,起到释放压力的作用。

传承优秀的传统文化,是当下基础教育的任务之一。但在传承的同时,我们需要以"世界眼",纵览世界文化之瑰宝。文化背后的哲学逻辑,无疑给我们探寻基础教育改革提供了理论的资源——"结构化"依托"系统论"的哲学思想,"探究课"依托对"点"的突出与研究。

(三)基础教育对家庭稳定的影响

文化的载体是一个个人的行为表现,但在传承中的最小单位一定是家庭。

一个家庭在不同的文化背景中不断地完善或跟随时代的变化而变化,进而改变着家庭文化方向,这种影响最大的可能是基础教育。因此基础教育必须重视这一问题。

影响家庭稳定的因素有很多种,文化、习惯、行为等七方面的差异及差异背后的教育背景,起着较为关键的作用。

首先,就文化差异来看,不同成长环境的人们,接收着不同的教育、有着不同的社会认知,从而也就有不同的思维方式。这样的差异,必然会在家庭生活中,产生一定的碰撞与分歧。面对如此情况,教育能做的,便是从基础教育开始渗透相应的系统化认知教育,在学生的道德观建立上,尽可能形成自己的特色,但又能兼容并蓄。在操作层面,对于独立事件,可用"对"或者"错"去判断;而对于错综复杂的事件,不应简单判断对错,而是用利大还是弊大去判断。

其次,从习惯差异来看,成长环境相似的人,对彼此习惯的差异感知阈限高,敏感性低;成长环境反差较大的人群或家庭则相反。敏感性低者,如果相互欣赏就会具有融合性;而敏感性高者,就会出现排斥性。既然习惯差异的根本原因,与自我认知的偏差有关。那么,如果一个人对自己有较为清醒的认知,即可以逐渐缩小彼此习惯的差异。所以,在基础教育中面对这种情况,应有相应的持续性的活动让学生和家长都能认同各自习惯中的不足和优势。学校可以把各自人群的优势展示出来,得到相互的认同和尊重。在不同的学段形成体系化的活动,让学生明白怎么去把缺陷尽可能地在生活中纠正过来。

第三,行为差异是习惯差异的外显,个人在生活中行为差异的表现,在别人眼中将是特征明显的行为特色。这种行为特色有时会让一个人变得可爱、具有亲和力,也可能会引起别人的反感。这种细小的行为特色在每个人的身上都可以或多或少的存在,且大多是无意识的。因此,在基础教育的初高中阶段,我们或许可以开设相应的课程,把自己在不同场景下的无意识状态录制下,在小组内相互观看,并且对其进行剖析,哪些是可爱的,哪些是别人讨厌的。在以后的各种交往中避免出现这种令别人讨厌的行为,进而提升自身的魅力。

第四,语言差异是语言表达方式的习惯性差异。在当今全球化的浪潮下,交流成为一个不可缺少的能力。语言表达除语言本身的逻辑关系外,另一个重要的因素是对每一件事的个人判断能力。对一个家庭而言,语言交流的好坏是家庭稳定的基石。何以让语言的差异不再成为交流的绊脚石?我想,在基础教育的初高中阶段,可以系列化地以组为单位对每个人的语言表达方式进行比较,引导学生理解在各自不同环境成长中形成的语言习惯。最后总结形成一些对同一问题不同语言表达的基本理解方式,这样在今后与人相处中能够形成良好的语言交往习惯。如因语言表达习惯造成了理解的偏差时,也能及时意识到并能即时纠正,这样生活中的矛盾可能减少很多,社交能力也会提升很多。

第五,审美在人类个体差异中可能是最多元的一种,但一定要坚持"美有公众道德底限"原则,在此基础上,才能形成"各美其美,美美与共"的局面。在遵守审美道德的基础上,我们或许应该多元而包容地接受多样态的审美。只有多元存在才能激发美和创造美。那么在教育中,审美趣味已成为学生核心素养的基本内容。在基础教育的各个学段,应加强"审美的公众道德底线"研究,形成相关的操作,让学生在体验中认同,在认同中形成自己具有个性化审美情趣。

第六,就处世差异而言,"处"即处理、接触,"世"就是外界的环境及各种各样的事物。基础教育应研究学生成长中"处世观教育体系",由政教部门牵头,形成以班主任为核心的全员参与的评价体系,将其纳入学生成长评价。同时,加强家长的相关培训,得到家长的认同和养成落实。

第七,性格差异也会在家庭生活中,造成分歧。性格一经形成便比较稳定,但是并非一成不变,而是可塑的。性格不同于气质,更多体现了人格的社会属性,个体之间的人格差异的核心是性格的差异。性格是在社会生活实践中逐渐形成的,它受社会历史文化的影响明显,更多地体现了人格的社会属性。基础教育阶段是一个人性格成长的关键时期,如果一个人能在正向的、积极的环境中成长,他的性格可能会更加健康。性格形成最关键的时间段应是小学和初中,当下基础教育阶段或许全面启动针对人格构架中本我(本能需要的满足,遵循快乐原则)、自我(遵循现实原则)、超我(遵循理想原则)的三个维度构建出相应的课程体系,在不同学段内形成具体操作流程和对应的评价体系。这种操作流程和评价体系应得到家长的普遍认同,并能与学校同步完成相应的评价。这种评价体系一定要坚持基础性和多元性。

　　以上七个方面的差异主要是在后天成长中形成的，无论哪种差异都能找到其基本的共性基础，如果基础教育阶段能把这些共性的要求在学生成长过程中进行系列化的教育，尽可能让每一个人都基本认同，无论他的个性特色多么鲜明，都可以找到与不同个体达成一定共识的平台，这将是一个民族一个国家长期稳定的基础。

第二章 基础教育改革
——"大概念教学"与"学科结构化"

在文化传承的脉络中,无论是个人还是家庭,抑或是社会,都承担着载体和行为发出者的重要作用。而教育在其中,又作用于行为发出者。反观现实,基础教育面临种种困境,因此基础教育的改革,迫在眉睫。在此背景下,"大概念教学"这一概念应运而生。

"大概念教学",顾名思义,以一个核心概念为根,由此串联起跨章节、跨学科、跨领域的具有整体性的教育教学模式。"学科结构化"则是以思维结构为单元,建构起有秩序、有条理的教育教学模式。二者背后,皆蕴含着"系统化"的思维。在此后章节,笔者对其有具体论述。这种系统化的思维,既是方法,也是文化。换言之,在教育改革过程中,文化不仅是受益者,也是参与者。我们不妨回到具体的论述中,去关照"文化"与"基础教育改革"之间的互动。

(一) 什么是"大概念教学"

现如今,"大概念"(big idea)被普遍认为"在一个学科领域中最精华,最有价值的学科内容。""大概念"通常用陈述式来表达一个观点,如"生物的多样性和适应性是进化的结果",这是科学家经过实证后的想法或观点。"大概念"所陈述的要点是对学科核心概念理解的具体表述,在生物学领域他们是生命观念的具体组成。但显然这个词条没有说明白什么是大概念。

学界普遍认为,"大概念"这一理论源于布鲁纳(Bruner)对教育过程的研究。布鲁纳强调,在教学过程中,为了帮助学生解决课内外遇到的各种问题,老师在教授过程中,需要使学生理解该学科的基本结构[①]。需要指出的是,布鲁纳并未对老师的具体操作进行详细的阐述。此后,有研究者基于布鲁纳等人的研

---

① Bruner J S, Lufburrow R A. The process of education[M]. Cambridge: Harvard University Press, 1960.

究,对"大概念"进行了新的论述。克拉克(Clark)将观念和大概念等同起来,认为它们提供了建构自己理解的认知框架和结构①;埃里克森(Erickson)认为,大概念是指向学科中的核心概念,是基于事实基础上抽离出来的深层次的、可迁移的概念②;威金斯(Wiggins)和麦格泰(Mctighe)等人提到,大概念是出于课程学习中心位置的观念、主题、辩论、波论、问题、理论或是原则等,能够将多种知识有意义地联结起来,是不同环境中应用这些知识的关键③。

"大概念"引入国内教育领域,尤其是被写入课标后,不少学者也对其进行了研究。其中,李刚、吕立杰两位学者认为,"大概念是基于学科的基本结构和方法,它们不是具有简单的具体答案的事实问题,大概念指向的是具体知识背后的核心内容。"④

从上述研究来看,"大概念"这一名词的确是来源于早期教育心理学家,但当时学科发展的局限,站在今天来看自然应当赋予时代性的内容,才能引导我国当下的基础教育发展。

正如宗德柱所言,现行大概念教学存在课堂注重基础性缺乏思维深度、学生模仿为主缺乏变化性、学习验证为主缺乏论证性、课堂练习为主缺乏文化性等问题⑤。在笔者看来,如若想弥补当下基础教育对"大概念"认知局限,使其更好地为基础教育所接受,则需对"大概念"进行再研究。基于此,笔者提出结构化教学的概念。

"大概念"显然是一个出现不长时间的名词,从现有的表述看,这个概念有一个特征,即为大,也可以理解为这个概念是对一类问题的总称。近一二十年最热的一个词是"大数据",于是笔者从"大数据"入手分析,发现"大数据"概念最初起源于美国,是由思科、威睿、甲骨文、IBM等公司倡议发展起来的。大约从2009年开始,"大数据"成为互联网信息技术行业的流行词汇。事实上,大数

---

① Clark,E. Designing and implementing an integrated curriculum: a student-centered approach [M]. Brandon: Holistic Education Press,1997.
② Erickson H L. Stirring the head, heart, and soul: redefining curriculum and instruction[M]. Thousand Oaks:Corwin Press, 1995.
③ Wiggins G, Mctighe J, Alexandria V. Understanding by design [M]. 2nd ed. Tennessee: Association for Supervision & Curriculum Development,2005.
④ 李刚,吕立杰.大概念课程设计:指向学科核心素养落实的课程架构[J].教育发展研究,2018,38(C2):35-42.
⑤ 宗德柱.大概念教学的意义、困境与实现路径[J].当代教育科学,2019(5):25-28.

据产业是指建立在对互联网、物联网、云计算等渠道广泛、大量数据资源收集基础上的数据存储、价值提炼、智能处理和分发的信息服务业。大数据企业实现了两大功能：第一，它让所有用户几乎能够从任何数据中获得可转换为业务执行的洞察力；第二，可以发现隐藏在非结构化数据中的洞察力。

大数据是基于人类的需求，把相关数据整合在一起的统称，这里包含着两个层面的数据，一是表面上属同一结构的数据，二是在需要范围内相关的不同结构的数据。

从大数据功能来看，我们不难发现两个与学习能力相关的问题：其一，是从结构化数据中找到解决问题的规律；其二，是每一个原有结构化数据不能反映，但每一组结构化数据之间可能产生出新的解决问题的规律。

20世纪末，为了解开人是如何学习的谜团，认知心理学家针对专家和新手所拥有的专业知识进行比较研究。他们发现，专家拥有更加丰富的知识。的确没有大量的知识储备，怎么能称上专家呢？这一观点，让人们清醒，在强调能力的同时，知识的传承价值再一次提醒着人类知识的重要性。

学习科学另一个发现更加重要，即专家和新手组织知识的方式不同。也就是说，专家和新手的区别，重点不在于知识量的多少，而在于组织管理知识的方式不同。新手所掌握的知识可能和专家一样多，但这些知识是零散的、孤立的，而专家的知识是有组织的、彼此相互联系的。专家通过大概念对知识进行组织和管理，建立知识之间的联系。新手往往通过表面特征对知识进行组织和管理，知识之间彼此割裂。

学习科学的研究结果证明，知识的传承是不可或缺的，但传承的有效性或能否支撑能力形成的知识，是建立知识之间的联系的合理性和可获取性。

随着信息化、智能化时代的来临，大数据运用必然成为新一代公民常态化的分析方式，如何形成这一分析问题的能力，基础教育应承担这个任务。大概念教学理念的提出，无疑是为这一目的而来的。如果这一推测是正确的，笔者不妨试着给出"大概念教学"的一个界定：即基于基础教育各个学段内课程标准的要求，以核心概念为思维的支点，建立起依据学生特点的思维单元，在思维单元内剥离出知识和能力，在知识层面上再分出知识的层次，建立起知识的核心结构，学生在掌握知识的基础上去实现学科能力的探究过程，进而实现情感目标达成的教学过程，这个过程也是一个创造知识的过程，然后不同层面学生形成新的知识体系。

(二)"学科结构化"与"大概念教学"之间的关系

2017年,我们在教育教学实践中整体启动了结构化改革,当时是以章为单位进行了学科的全面性结构化研究,在今天看来就是"大概念教学"的理念。我们在为期四年的研究中形成了一套比较完整支撑"大概念教学"理念系统落实的"结构化课堂改革研究体系"。

1. 学科思维单元作为结构化的研究单位

根据实践,不难发现,"大概念教学"的学科单元不一定是教材的章单元,而是一个学段内的基于一个核心概念的思维单元。

在这样的单元里,可以快速找到核心知识,根据每一个核心知识之间的关联,形成整体阅读的欲望,完成对该单元知识层面的整体认知,有利于结构化建立对本单元内容的认知,形成一级知识结构。

例如,高中学段生物的细胞代谢这一思维单元,分别由代谢的条件(ATP酶)、同化(光合作用)、异化(呼吸作用)这三个核心概念支撑了细胞代谢这一核心概念构成的大概念。

2. 知识与能力的剥离是"大概念教学"研究操作的切入点

在基础教育"大概念教学"中,如何引导学生去实现整体认知? 就这一问题,我们在实践过程中发现,对学科的整体认知步骤应由以下四步构成:首先要完成的本思维单元中哪些是知识,哪些是核心知识,哪些是能力部分;其次是核心知识的建构,非核心知识的阅读;再次是找出能力点,设置出对应能力点问题进行探究;最后在探究过程和知识的境读中尽可能实现情感目标。

老师在思维单元内的整体认知研究的切入点是剥离知识与能力部分。通过实践研究,我们可知凡是写进书本的概念、定律、定理、公式、结论、步骤等均为知识,而利用这些知识去总结出新的方法或步骤的过程才是能力建构的过程,总结出的结果就变成了知识。所以知识并非一成不变。

如果在"大概念教学"的理念下不能从知识与能力的剥离入手,就很难把这一新理念落实到位。

3. 思维单元内的核心知识确定是落实知识的前提

思维单元内的知识是多层次的,有核心知识、也有一般了解性知识。在基础教育的每一个学科体系,都是由本学科的概念、方法、结论等系统化的知识组成,但这些知识又分支撑这一学科思维单元核心知识和关联知识,而这一学科的核心知识则是由本单元的各个层面支撑本层面构架不可或缺的知识组成。有了这些知识,这个学科的学科观、学科基本的体系就建立起来了,笔者把这些知识称为核心知识。

在基础教育的每一个学段,只有把每一个层面的核心知识落实到每一个学生的思维体系当中,学生就能够利用这些核心知识去自主完成该学科深入学习,并有可能创造性地完成该学科新的学习任务。在实践中我们找到了用境读的方法,以小组为单位去落实核心知识的方法,实践成效显著。

4. 拓读实现了学科主题式研究与跨学科研究所需的知识建构

拓读又称为拓展阅读。每一个思维单元,因教材篇幅的限制,部分名词的诠释,有些过程的细节分析、有些材料的支撑等,都是一笔带过的。学生在学习中可能难以实现系统化认知,为了让学生能够对思维单元的学科整体性知识实现系统性认知,拓读材料必不可少。

在实践中我们经过多年调整,认为拓读内容由四个部分组成,即名词解释、兴趣性阅读、前沿性阅读和研究性阅读等。这样的拓读内容可以满足不同层面学生的需求,前两部分可满足所有学生的需求,后两部分可满足部分对学科有所追求的学生的需求。在实践中拓读还能满足很多跨学科的交叉认知的需求,能满足立足本学科主题式跨学科综合研究知识建构的需求。

5. 核心知识的多级结构建立为能力形成奠定基础

大概念教学理念中知识不仅是强调核心知识与核心知识的联系,更重要的是要分清核心知识的结构层次,并能在每一个结构层次的核心概念上建立起属于自己的结构单元,每一个结构单元之间,可根据需要进行调动,把每一个核心知识之间的联系转化成每一个结构单元之间的随机组合。

只有实现这种不同层面子单元核心知识结构之间的随机组合,才能为学生形成学科能力起到知识的支撑作用。每一个核心知识结构单元的落实是很重要的教学过程,落实的标准是:见一点而知结构。

具体的核心知识多级结构建立见前文"团队型五人小组结构化教育改革关键词"。

6. 三类型课堂是全面落实"大概念教学"理念的载体

结构化改革研究已进入第四个年头,在反复实践中发现,基础教学各个学段学科教学课堂从大的方面可分为这三大类型,即核心知识落实课,这类课堂是实现"大概念教学"理念的基础性课堂;能力形成探究课,这类课堂是实现"大概念教学"理念能力形成、学科情感落实的核心课堂;落实拓展习题课,这类课堂由解决探究结论的训练、探究问题的变形问题、小能力点但不需要用完整的探究过程进行的问题、已落实的结构知识强化训练等内容组成。这类课堂可在第一类、第二类课堂结束后进行,也可以思维单元为整体进行。

在核心知识落实课层面,不同的学段、不同的学科,可能还会有一些更多类型的呈现。例如,我校的小学语文在这个层面上又分为系列经典诵读课、课本知识积累课等不同课型;小学语文能力形成探究课可分为硬笔书法课、观察课、综合论坛课等多种课型。

总之,从多年的经验来看,大概念教学理念唯有在"团队型五人小组结构化"的教学实践中,才能得到系统化和时代化的落实。

第二部分 培养什么人
——"三品质""三能力"的形成

科学研究分析理论已从线性系统理论发展到非线性系统理论，非线性系统理论远不如线性系统理论成熟和完整。系统科学领域中有比较完整的研究体系，被称为"老三论""新三论"，系统论、控制论和信息论是20世纪40年代先后创立并获得迅猛发展的三门系统理论的分支学科，合称"老三论"；耗散结构论、协同论、突变论是20世纪70年代以来陆续确立并获得极快进展的三门系统理论的分支学科，它们虽然时间不长，却已是系统科学领域中年少有为的成员，故合称"新三论"，也称为DSC论。

进入21世纪，被誉为"未来科学发展三眼井"的是量子力学方向、人工智能化方向、可控核聚变方向，无论哪个方向的研究，都是系统化思维支撑下进行的研究。随着这三个领域的快速发展，社会对未来人才的类型提出了更高的要求，"为谁培养人"成为人才培养的底线。在这一前提下，我们可以大胆预测未来的人才主流类型应该是具备正确价值观前提下的自控性人才、创新性人才、管理性人才、娱乐性人才等，但引领社会发展的核心人才一定是创造性人才。

第三章　思想道德品质

思想道德品质包含两个层面的含义,一是思想政治品质,二是个人道德品质。一个人只有同时具备这两种基本品质,才可能成为有用之才。对两种品质而言,思想政治品质无疑起到纲领性和方向性的作用。青少年阶段正处于"拔节孕穗期",需要精心引导与栽培。

（一）思想政治品质

何为"思想政治教育"？如要回答这一问题,首先需要思考政治认同的必要性。

政治认同是指"人们在社会政治生活中产生一种感情和意识上的归属感"。政治认同本质上是人们对政治权力的信任、对政治价值的信仰。政治认同是把社会成员组织在一起的重要凝聚力量,对国家的发展具有重要的意义。政治认同的基础是政治认知,个人的政治认知是从儿童时期开始的,一直贯穿终生。而学校是专门的系统化且强有力提升学生政治认知的机构,学校能够通过系统的文化知识和思想政治教育,使学生掌握社会政治生活的初步规范知识。

"思想政治教育"即为国家在受教育者中进行爱国主义、集体主义、社会主义的教育,进行理想、道德、纪律、法制、国防和民族团结的教育。思想政治教育应当继承和弘扬中华民族优秀的文化传统,吸收人类文明发展的一切优秀成果。

从"思想政治教育"的内涵中,我们不难看出其目的是让受教育者能形成符合这个国家和民族发展所需的世界观、人生观、政治观、道德观、法制观等正确的价值取向。从内容组成上可以看出,思想政治品质是一个人正确价值观的基本要求,达到这一基本要求,将自己的人生理想融入国家和民族的事业中,最终成就一番事业。

思想政治品质在基础教育阶段可以通俗地理解为爱国爱党,认同我国传统文化是中国人的自信源泉,认同社会主义核心价值观,认同红色教育的价值,理解社会主义制度的先进性。做到这几点，就可以认为学生已达到了思想政治品质的基本要求。

2019年印发实施的《新时代爱国主义教育实施纲要》中提到，爱国主义是中华民族的民族心、民族魂，是中华民族最重要的精神财富，是中国人民和中华民族维护民族独立和民族尊严的强大精神动力。爱国主义一般具有两大特征：一是同国际主义相一致，二是同社会主义相一致。它是人类历史上最高类型的爱国主义，代表了广大劳动人民的根本利益和人类历史前进的方向。爱国主义是以全心全意为人民服务为人生目的，这也是与西方资本主义在人才培养上的本质区别。中国特色社会主义政治制度主要包括人民民主专政、人民代表大会制度、中国共产党领导的多党合作和政治协商制度、民族区域自治制度和基层群众自治制度。今天中国的伟大成就就是在中国共产党领导下，经过长期奋斗取得的。中国共产党在一百多年的奋斗过程中为我们伟大的民族积淀了可歌可泣的红色文化体系，带领我们的民族从半殖民地半封建社会走了出来，让中国人在世界上受到尊重，爱党就是爱国的根基。

传统经典文化是我们民族经历磨难又重生的灵魂，也是我们民族战胜困难的精神支撑和方法源泉。传统经典文化是中国人血液的组成部分，是中国人的一种文化符号，是文化自信的根本，也是走向未来的动力源泉。所以继承和创新传统文化是每一个中国公民的责任。继承传统经典文化的过程中，基础教育必须承担起自己的责任。

思想政治品质不仅是对我国不同民族文化的认同，而且应对世界范围内各种文化要有包容的心态、学习借鉴的胸怀。

把以上几个问题在基础教育过程中落实到位，学生对社会主义制度的先进性、社会主义核心价值观的认同性就自然建立起来了，对多元文化"和而不同、美美与共"的包容心态也就形成了。

在教育部颁布《中国学生发展核心素养》的"社会参与——责任担当"中明确指出，国家认同重点是：具有国家意识，了解国情历史，认同国民身份，能自觉捍卫国家主权、尊严和利益；具有文化自信，尊重中华民族的优秀文明成果，能传播弘扬中华优秀传统文化和社会主义先进文化；了解中国共产党的历史和光荣传统，具有热爱党、拥护党的意识和行动；理解、接受并自觉践行社会主义核心价值观，具有中国特色社会主义共同理想，有为实现中华民族伟大复兴中国梦而不懈奋斗的信念和行动。国际理解重点是：具有全球意识和开放的心态，了解人类文明进程和世界发展动态；能尊重世界多元文化的多样性和差异性，积极参与跨文化交流；关注人类面临的全球性挑战，理解人类命运共同体的内涵与价值等。

从《中国学生发展核心素养》来看，对基础教育学段思想政治品质形成有明确的要求，一线教育工作者应创造条件给予落实。

（二）个人道德品质

道德品质，即品德，是道德的个体化，是指个体依据道德规范在一系列行为中表现出来的比较稳定的心理特征和倾向。

道德有多重要？习近平总书记在会见第四届全国道德模范及提名奖获得者时的讲话中讲到，精神的力量是无穷的，道德的力量也是无穷的。中华文明源远流长，孕育了中华民族的宝贵精神品格，培育了中国人民的崇高价值追求。自强不息、厚德载物的思想，支撑着中华民族生生不息、薪火相传，今天依然是我们推进改革开放和社会主义现代化建设的强大精神力量。

道德基本内容是一个民族在长期发展中形成的，我国有五千年文明史，也沉淀出具有我们这个伟大民族的基本道德观。习近平总书记非常重视全民道德问题，2017年1月6日，在十八届中央纪律检查委员会第七次全体会议上的讲话中强调：对先人传承下来的道德规范，我们要在去粗取精、去伪存真的基础上，采取兼收并蓄的态度。我们的先人们有大量劝导人们向上向善的警句名言，如"大道之行也，天下为公""见善如不及，见不善如探汤""见贤思齐焉，见不贤而内自省也""不义而富且贵，于我如浮云""言必信，行必果""德不孤，必有邻""人而无信，不知其可也""勿以善小而不为，勿以恶小而为之"等。这些思想观点，要结合时代条件加以继承和发扬，以坚守中国人的价值观，保持做人干事的精神风骨。要善于运用中华优秀传统文化中凝结的哲学思想、人文精神、道德理念来明是非、辨善恶、知廉耻，自觉做为政以德、正心修身的模范。

在教育部颁布《中国学生发展核心素养》的第三部分"社会参与——责任担当"中，指出社会责任重点是：自尊自律，文明礼貌，诚信友善，宽和待人；孝亲敬长，有感恩之心；热心公益和志愿服务，敬业奉献，具有团队意识和互助精神；能主动作为，履职尽责，对自我和他人负责；能明辨是非，具有规则与法治意识，积极履行公民义务,理性行使公民权利;崇尚自由平等,能维护社会公平正义;热爱并尊重自然,具有绿色生活方式和可持续发展理念及行动等。这是对中国学生道德品质落实的明确要求。

关于"道德"与"技能"的关系,前文已做表述。

(三)落实思想道德品质的建议

思想道德品质在基础教育过程中的建立是一项严肃的教育教学工作,不是开个会、讲一场报告就能解决的问题,是一种课程体系。在实践中,西安国际港务区铁一中陆港学校在如下方面,建构起旨在培养学生"思想道德品质"的课程体系。

首先,在课内,备课组在建构思维单元时,会对本思维单元情感目标如何定位、如何在课堂上实现等问题进行打磨。在德育活动中,每周的升旗仪式、国旗下演讲等师生必须参与的活动,成为培养学生思想政治品质和道德品质的常态载体。励志讲座、讲述红色故事、唱红歌、踏寻红色足迹、收看新闻联播等日常活动,提高了学生的政治认同。以系列化的方式将经典文化编写成校本教材,用现代化的媒介把经典文化呈现于校园教学,让文化去浸润学生。此外,我们通过日常着装、坐站姿、与人相处的文明规范、主题班会等形式,让学生养成良好生活习惯。通过家校合作,对家长进行正确道德观的引导,让家长与学校配合形成教育的立体生态,更有利于学生思想道德品质的养成。

在提高学生的政治认同和道德品质的同时,我们还为学生提供一系列可以参与"政治"的平台。比如校长见面会、模拟政协、模拟联合国。在以上平台中,学生可以建言献策,将自己的政治意识化为具体的建议,通过增强参与感而进一步促进学生思想政治和思想道德的发展。

第四章　创新思维品质

创造性人才是指具有创新思维的人才。创新思维的核心由发散思维和归纳思维构成。逆向思维可以通俗理解为已知目标,已知现有条件,进而把目标分解,并能够清晰判断出哪些是现有条件,哪些是需要创造条件的思维解构过程;发散思维又称为辐射思维、放射思维、扩散思维或逆向思维,是指大脑在思维时呈现的一种扩散状态的思维模式,它表现为思维视野广阔,思维呈现出多维发散状,可以通俗理解为面对问题,找出所有可能的思维过程;归纳思维可通俗理解为选定方向,根据材料总结出这一类问题解决的思维流程和呈现流程。

创新思维的形成不是一个报告、一堂课、一个活动能实现的,甚至通过一个学段的教学都难以完成,只有在完整的基础教育过程中用一个完整的体系去实现,才有可能培养出我们未来发展需要的创造性人才。从教育实践中分析,基础教育应从幼儿园教育、小学教育、初中教育、高中教育四个学段进行完整的设计,至少要保证小学、初中和高中三个学段的系统化设计。

基础教育不同学段承担的责任不同。幼儿教育只需要负责开展各种思维支撑下的活动,这一育人过程可以统称为"渗透阶段";小学教育除了开展各学科的活动来加强三种思维习惯,各学科在自己的学科特点上通过课程完成这三种思维习惯的加强,小学整体过程可称为"初步形成阶段";到了初中学段就需要在三类课型下,以不同学科为教学载体,逐步形成学生的三种思维习惯,这一过程可称为"完成阶段";到了高中学段可根据这三种思维习惯促进学生依据自身的特点快速形成自己的思维特色过程,这一过程可以称为"特色发展阶段"。以语文的写作为例:小学观察课程、初中体验课程、高中思辨课程,经过三个学段的协同,学生的写作能力会有大幅度的提升。

(一)作为载体的团队型五人小组

团队型五人小组结构化教育教学由组织上的五人小组和支撑学习的学科

结构化呈现方式两部分构成。学科结构化呈现单位称为思维单元,这种思维单元与现有教材不是时刻对应的。总体来看,团队型五人小组结构化教育教学可承担创造性人才的培养。

团队型五人小组是学习和生活的基本单位,是既有分工又有合作、既有独立完成的体系又有为达成目标的协同体系,是落实知识、形成思维体系的学习系统。例如,抽讲、境读、探究等学习过程,无处不在体现着小组系统的价值。

(二)作为平台的思维单元

思维单元是每一门课程基于某一知识结构、应用该知识结构的能力体系的系统呈现单元,是一个相对独立的学习系统。在系统性学习过程中,第一是整体认知;第二是用逆向思维去解构,把非线性问题转化为线性结构知识;牢记核心知识结构,在解决问题的场景中去重新建构。从思维整体性分析,各学科只有以思维单元为学习单位,才能具备创新思维形成的条件。

(三)作为支撑的三类课型

每一学科在学科结构化教学的课堂中,都有三类呈现方式,它们分别是"核心知识落实课""能力形成探究课""落实拓展习题课"。"核心知识落实课"是以思维单元为单位整体建构一、二、三级结构,这是一种逆向思维建构过程。"能力形成探究课"的探究方向确定发散思维,选定方向后总结出探究结果的过程是归纳思维训练过程。"落实拓展习题课"则是强化已形成的思维方式和运用已掌握的思维方式。总之,通过这三类课型,基本可以实现基础教育各个学段学生创新思维的形成。

基础教育中的老师的形象都用一支粉笔、三尺讲台来形容,因为讲得精彩而被喻为好老师的时代随着创新人才成为人才培养的主流要求而改变。好老师的标准随时代的变化而变化,但现状是,有些老师还沉浸在追求各自学科性的精彩讲解中而不能自拔。

我们改革当下的三类课堂,在课堂灵魂上是环环相扣的,在思维上是一点点形成的,从这样的课堂体系看学科的学科味,不是老师讲出来的,而是学生在呈现中品出来的,一旦学生品出了本学科的学科味,他们在这一学科上的学习兴趣和学习能力自然就建立起来了。反之,如果老师一味地追求自己的学科味,那么学生只能感受学科味,而无法自主形成对学科的审美。学生在整个的学科学习中就很难完成创新思维的建立,也就难以找到本学科的学科味,学习兴趣和学习能力就难以建立起来。

第五章　探究思维品质

人类从进入信息化时代的那一天起,就意识到了创新是发展的方向和目标,为实现这一目标我国制定了国家创新战略目标,教育部也推出了第八次教育改革(第八次基础教育课程改革的简称),随着时间的推移,我们在取得成绩的同时,也有太多的问题值得反思。

首先,是自然科学奖的空缺。从1998年至2001年最能体现中国科学水准的自然科学奖一等奖曾连续4年空缺,2004年与2005年又出现空缺,这不能不引起科技界及全社会的思考。

其次,是少诺贝尔奖与奥林匹克热。环顾全球,一般情况下,国家独立39年,就有可能出现诺贝尔奖。然而在我国,直到2012年10月,莫言才成为首位中国籍诺贝尔文学奖获得者。但需要指出的是,中国文学本就博大精深,或许因为我们的文学难以符合西方评选标准,而导致了这一结果。与文学领域相似,屠呦呦获得2015年诺贝尔生理学或医学奖,中国才从科学领域实现了零的突破。而我国各大城市中小学奥林匹克竞赛热度不减,在世界奥林匹克竞赛上也是成绩优异,这种我们赢在起点却输在终点的现象引起了科技工作者及教育工作者的深思。

再次,钱学森之问引起了高校的深刻反思,有些学校相应出台了不少选拔优秀学生的政策。

最后,在中小学教学创新的实践中也暴露出诸多问题。国家创新战略确定了创新的三个层次是:第一层次为引进消化吸收再创新,是指在消化吸收国外先进技术基础上进行的创新;第二层次为集成创新,是指把各种已有的相关技术有机融合起来的创新;第三层次为原始创新,就是我们通常理解的独立自主地去完成科学新发现和技术新发明的创新。为配合国家创新战略,教育部启动了第八次教育改革,提出了以自主、合作和探究为基本的学习理念,其中探究学习方式为教育改革的灵魂。然而新课程改革(简称新课改)从试点到全面推广已走过了很多年,在基础教育领域对探究的理解依然还停留在以下几个方面。

认为探究一定要花巨资申请项目,选拔尖端人才进行培养。例如,翱翔计划、春笋计划、大学的少年班等创新计划。

认为探究只是研究性学习课程中才进行的学习方式。

认为教学中的探究也只是在公开课上出现的"作秀",常规的课堂变化不大。

有专家甚至认为:在中学教学中只有完整实现"提出问题、猜想与假设、设计实验方案、进行实验、搜集证据、解释与结论、反思与评价、表达与交流等"过程才是探究。这样的误区使得新课程标准(简称新课标)的基本理念难以在教学中得到真正的落实,更谈不上教育改革的真正落实了。

中学自然科学学科新课标解读中有这样一种表述:在高中学段只要学生有一到两次完整的探究过程就可以了。现在想起来,当初设计课标时就已把探究做了不同层次的区分。

对中小学学生而言,什么才是"探究"的真正内涵?

(一) 基础教育语境中的"探究"

根据对探究的对象和完整性进行比较,可以把探究分为生活性探究、人文科学探究、自然科学探究等三种探究类型。第一种类型具有普遍性和易操作性的特点,而第二种、第三种类型具有严谨性和完整性的特点。

生活性探究是指学生把所闻所见的种种疑问自主地进行思考、查询或讨论的体验过程。对中小学学生而言,在衣、食、住、行中有太多的具体问题需要解决,如果学生有一种主动运用已有的知识和经验去解决问题,这不仅是对知识的应用也是对学生生存能力的一种培养。这也体现了生物课程标准中提出的"STS"(科学技术和社会)问题。这种探究能力一旦养成,在未来生活中他们的创造力可能无限。生活性探究还表现在学生可以对身边社会现象表达个人的看法并提出自己的见解。

人文科学探究是指中小学语言类、政治、历史、地理的人文部分的学科观点和学科知识的同化过程,再通过学生自己在新情境中表达出来,针对不同的问题形成相应的分析模型,最终达到形成探究性思维品质。

自然科学探究是指中小学物理、化学、生物、地理学科的学科观点、学科知识、相关技能的主动形成过程,也包括研究型学习的各种完整的研究过程,最终达到形成探究性思维品质。

（二）日常中小学课堂探究层次

中小学教育中课堂学习是学生学习最重要的环节，如果我们的改革理念在这里得不到落实，那探究品质的形成就成为一纸空谈，因为学科知识大都是通过课堂让学生掌握的，如果在这个过程中学生能按老师的引导进行主动思考，把新的知识能同化和内化到学生自己的知识体系，这个过程对学生的学习而言就是一种对新知识的建构探究过程。教学的主阵地是课堂，但课堂因学科和教学内容不同会出现不同的探究学习方法，但不论是哪种学科和内容都可以分为以下几种探究的层次。

基础知识自我阅读型探究是真正体现学科基础性的内容，这些基础知识对某些老师来说可能觉得没有探究的必要，对学生而言确实是陌生的，是需要同化和内化的知识，如果没有主动探究的过程，就只能死记硬背了，这样做的效果老师们或许心知肚明——有的遗忘了，有的只能是以后用时间慢慢地被同化了。如果把核心知识基于某一核心关键词进行建构，再同化到自己的学科体系，长期努力就会养成自主探究性的习惯，学科学习就会变得越来越轻松。这是一个看似简单却是一个极其重要的探究环节。

基础知识综合于某一平台时的探究，是在学生完成第一过程后，能顺利运用基础知识去解决问题的过程，这也是学生如何调动知识形成解决问题的思维建构过程，是能力形成过程。

用基础知识去解决生产生活现象的探究层次，已经超出了一节课堂的要求。这种探究，是对"某一章节知识""某一学科知识"或"跨学科知识"的综合应用，这是通过学生的自主内化后才能形成的一种综合性探究过程，也是课堂探究的最高层次。

通过以上问题，我们认为对中小学而言探究不仅是一种过程，更应成为学生的一种思维品质，一旦这种思维品质形成，探究性学习就可以落实到课堂、生活和未来的工作中。

（三）探究性思维品质及这种品质形成的价值

根据我们的论述，探究性思维品质是指形成一种依据科学概念对事物进行分析和思考的习惯和能力,在这种习惯和能力形成以后,无论遇到什么事都能用这种习惯和能力去寻找解决问题的办法,进而达到解决问题的目的。

探究性思维品质形成后,对学生学习有重要的积极作用。

首先,学生的学习效率和效果将会得到有效提升。探究从思维本质来说是一种积极的思维体验。在课堂教学中,有些基本知识,看似需要简单的识记,但现实却表现为学生记不住。如果我们简单地将这一现象归因于学生记忆力不好,那么我们便忽略了记忆也是一个同化顺应的过程。当学生已有的知识还不足以同化新知识时,只能去机械记忆,这样就出现了记不住的现象。所以,过去的教学中老师按自己的理解,把一些基础知识灌输给学生,但难以引起学生的共鸣,从而难以真正掌握这些基础知识。与其这样,我们为什么不让学生先去体验找出自己的问题,这个过程本身就是一种探究,这种探究可以在课堂上或课前完成。

在此基础上课堂设置问题,让学生根据自己的经验去讨论,加深学生对基础知识的深入理解(对知识内涵和外延领会),这时基础知识熟练程度已达到应用的要求,这种过程符合学生认知规律,如果能在一些基础上引导学生运用基础知识解释生产生活现象,就完成了学生的一种体验过程,这种探究式的体验不仅使学生把知识领会到位,还可能激发一部分学生进一步深入探究,从而使学生进入完整的科学探究活动。

其次,社会管理成本将有效降低。探究性思维品质一旦形成,学生在面对问题时不是等待求助,而是积极主动去想办法解决,这样的社会管理成本就自然会降低。

最后,创造性人才将源源不断涌现出来。第八次教育改革的三个基本学习理念是自主、合作和探究。在这三个基本学习理念中,自主是目的,合作和探究是前提。当学生拥有真正的探究性思维品质时,才能从所见所闻中发现问题,并且提出有价值的问题。当学生对所闻所见的种种疑问自主地进行思考时,才能真正地克服学生低效率的学习和过多的重复性的学习问题,未来走向社会后就会在遇到问题时主动寻找解决问题的办法。如果探究性思维品质形成了,新一轮"大概念教学"的理念就可以顺利落实了。

如果每个人都有这种思维品质,我们的各种工作岗位都会涌现出大量的创新成果,创新国家自然就会形成。国家创新战略的基础是中小学人才的培养,人才培养来源于教育,教育的基础是中小学教育,如果中小学教育能把学生的探究性思维品质培养出来,就为"巨树"成长提供了肥沃的土壤。有了这块土壤,我们的创新之路才不遥远,这好比有了丰富的小溪自然就能汇聚成大海,有了大量勇于探索的研究员,就自然会涌现出这个领域的大师。

第六章　合作能力的形成

当今社会正处于变革和反思时期,出现了一些社会问题,如自私、暴力、诚信危机、宅男宅女现象(不合作型)等。究其原因,都是没有合作能力造成的社会问题,如果不从教育开始解决,我们的社会就很难健康发展。

合作型学习是新课程改革(简称新课改)的基本理念之一。如果学生没有合作的习惯,合作型学习也只能成为一种形式。合作精神是物种进化的一种特征,更是人类社会必备的一种特性,其多元价值体现在以下几个方面。

(一)合作能力的价值

首先,合作是中华五千多年文明绵延不绝的精髓之一。中华民族五千多年文明的发展历程是从氏族(氏族是原始社会基本的、最初的社会组织形式)开始的,人们从合作捕猎开始就认识到了只有合作才能生存的道理。所以,中华民族五千多年文明史留下了很多关于合作的佳句。例如,"兄弟阋于墙,外御其侮""打虎还得亲兄弟,上阵还得父子兵""生意好做,伙伴难寻"等,这些脍炙人口的佳句,都反映出先民对紧密型合作价值的认识;"人生得一知己足矣",也从另外一个角度反映出紧密型合作形成的困难。有一点我们可以肯定,正是我们的民族一直都在追寻合作中前行,才有了历史上不灭的文明。

其次,在中华民族五千多年文明的发展史中,家族和家庭这个血缘关系组成的单元,成为社会合作的基本单元,对维持社会稳定起到了中流砥柱的作用。随着社会的发展和人类战胜自然灾害的需要,世界上产生了各种以宗教为载体的合作方式,社会团体的存在也体现了人类对合作的需求。合作是解决当今社会不良现象的方式之一。青少年恶性犯罪、自私、暴力、诚信危机、宅男宅女现象(不合作型)等这些社会问题,从根本上分析就是没有社会责任和宽容之心,这种问题要想从根本上解决,只有通过在中小学阶段团队型合作中担当起各自的责任,并且在这种团队中自觉接受他人管理,并逐步养成习惯。

今天的中国社会大多数为独生子女家庭,有些学生缺少包容意识、责任意识、合作意识，这都是将来走向社会的障碍。如果在学生时代解决不好这些问题，可能会导致人格不健全，从而引起社会问题。这些问题客观上如果不从教育上解决，后果可能比较严重。

合作是信息化时代人类个体必须具备的素养。人类经过了农耕文明、工业文明，今天已进入信息文明。在这个知识爆炸的时代，掌握知识的多少已不再是第一需要，掌握获取知识的方式已成为第一需求，而这种从浩瀚的知识海洋中获取有用知识的过程已不是一个人能独立完成的问题，合作就成了第一选择。近年来，诺贝尔奖获奖现象已证明了这个观点。

合作也是教育改革的需求。中国全面推行的第八次教育改革，就是推动过去严格传授式教育到学生自主探究性教育学习方式的转变，通过这种转变企望达到培养学生创造力的目标。因为当今社会不仅需要知识，更需要学生的自学能力。但自学因人的能力和经验不同，所以收获的差距很大。只有以有效的小组建制来完成，才可以取长补短，达到优化的效果。

最后，回归教育，合作是学生成长的需求。在溺爱中长大的学生是难以融入社会的，在中学时代有集体生活经历的人在未来的社会中可能更好地与人相处。有些人喜欢在某一事件之后大发感慨，但却不想怎么从源头解决遇到的问题。那些忽略了学生成长的环境和需求，空谈问题的人，是误国误民的人。所以，在中学时代为学生提供一个真正的集体成长的环境，是我们能做的，也是必须做的。这个环境是给学生一个类似"家"的这样一个团队，让他在这样的环境中学会管理和懂得被管理。

小组是班级处理各种事务的基本单位，无论是学习过程和成果的分享，还是在处理问题和矛盾中成长，都首先由小组来完成，达到形成学生自我处理问题的能力。这样的成长过程都是学生积累人生经验的过程，也是建立健全人格的形成过程。

通过小组管理，简化了老师管理不过来的矛盾，也培养了学生干部队伍，当学生干部队伍建立起来时，这个班级管理就进入了良性管理。

俗话说："千军易得，一将难求"。学生干部队伍建设不是一件简单的问题，这不仅是班级建设问题，也是国家建设的核心。但优秀的学生干部是很少的，培养出一批优秀的班干部是我们每一个班主任的责任。我们要有一种思想：每一个学生都可能成为一个优秀的班干部，但不同的学生可能培养的时间是不同的。所以,我们要有耐心,耐心地发现他们的优点,让优点慢慢放大,那么相对的缺点自然而然便会慢慢缩小。

(二)合作能力形成的前提

新课标倡导的合作学习已长达十年之久,但纵观各种推行合作学习的学校,大都停留在一种形式上,我们尚未见到以团队型五人小组合作方式作为学生学习和生活的基本单位,进而形成合作精神的全面教育改革。通过调查,我们发现,大多数人认为这是一种很难操作的教育形式,因为个性差异,紧密型小组形成合作精神的成功率很低。其实行起来之所以难度很大,主要原因有以下几点:一是不同个性的学生在一个紧密型小组中很难找到存在感;二是以主科学习成绩为单一评价标准的评价方式使部分学生找不到成功感;三是在小组中学生不能准确认识自己与同学各自的优缺点,因而很难形成自己对小组其他成员的尊重,小组成员之间的认同感很难形成。基于此成员的小组归属感难以形成,更谈不上合作精神的形成。

存在感是指让别人感受到他的存在。具体表现:每个人都认识他,说的话能被倾听,有说话和行动的权力,不能忽视每一个人的存在,不能边缘化每一个人。

小组合作中制约存在感常见的现象有:小组内学生个性差异明显时,学习上有优势的学生可能成为组长,更多的是指令性地要求其他成员去怎么做,而忽视了不同程度的成员能做到什么程度,如何去做的问题;更多地把交流放在解决某一具体的学习问题上,而很少交流面对问题时各成员的感受;更多的是在交流时倾听能力相近学生的表达,很少有耐心倾听学习能力较弱学生的表达。如果学习能力较弱的学生不想被边缘化,这些学生就可能出现一些搞怪行为去吸引其他学生的注意。这样的结果很可能会成为小组建设中的负能量。

成功感又称为"成功体验",是指一个人成功地完成某种活动时所产生的一种自我满足、积极愉快的情感。这种良好的情绪状态对学生的学习活动有着积极的促进作用。它决定着在活动中所达到的效果和一个人在参加活动时的抱负水平(目标)的高低。由于抱负水平的不同,在同样的成就面前,有的人可能产生成功感,有的人则可能产生与之相反的失败感,它在不同的人身上也可能有不同的情绪色彩。心理学研究表明,成功感的后效功能有三个:一是成功感可以促使个体产生积极的情绪体验,促使个体的身心与所处的环境保持平衡状态,促使个体更好地适应所处环境,进而增进身心健康;二是成功感可以使人认识到自己的力量潜能,从而增强自己的信心;三是成功感能为学生以后学习新知识、解决新问题提供有利的主观内在条件,这种条件既为新的学习活动提供了良好的心境,又为解决新问题提供了抗挫折的心理承受能力。成功感是素质教育的一个重要的心理指标。当前社会强调"以人为本",能否经常体验到成功感,也是个体生活质量、心理健康水平的一项重要心理指标。成功感也是获得小组中其他成员认同的重要因素。

小组建设中制约每个孩子体验成功感的常见现象有:小组内学生个体学习能力的差异导致在完成学习任务过程中,学习能力较弱的学生体会成功的机会减少;传统的小组是随机分配的,虽有分工但从心理上没有角色认同,也就不会有意关注其他学生是否有成功感的体验;传统的小组只限于课堂环节,学生多样性体验成功的机会较少,这样造成了很多仅是传统观念上认为学习能力较弱的学生很难找到成功感而丧失了小组归属感。

认同感属于管理心理学范畴的概念,是指群体内的每个成员对外界的一些重大事件与原则问题,通常能有共同的认识与评价。这主要是由于各成员有一个共同的目标,彼此间存在一致的利害关系。有时尽管群体认识不一定符合事物的本来面貌,但每个成员都有共同的目标。在小组中这是一种凝聚力的体现,也是小组形成合力的基础,在班级小组建设中打造这种凝聚力是小组建设中的重要环节。

小组建设中制约每个学生认同感形成的常见现象有:小组成员由于来自不同的家庭背景和教育环境,有各自不同对事物认知的态度、不同的生活习惯和思维习惯,很难与小组内其他成员达成真正的情感认同;传统班级松散型小组缺少必要的小组评价机制约束,使传统习惯上自我认为学习能力较强的学生不会主动去认同其他学生;只限于课堂改革的小组由于没有更多的机会让不同的学生展示自己的闪光点,传统上认为学科成绩较差的学生也很难被认同。没有认同,小组成员就很难形成小组归属感,更难形成合作精神。

基于上述制约小组发展的常见现象,我们在教学实践中进行了相应的研究与抽象总结,具体的操作将在后文展开详细论述。总而言之,团队型五人小组的确立为学生合作精神和合作能力的形成,提供了一个平台和场域。

第七章　学科能力的发展

在基础教育领域,所有的学科都是支撑一个人成长的载体,每一学科在基础教育育人支撑中第一属性是工具性,第二属性才是学科性。学科的工具性是本学科的,核心知识体系所承担的功能学科的学科性应是本学科思想、生活生产中的综合应用、学科之美的感受,其能够激发学习者对本学科未来发展的强烈兴趣和追求精神。

(一)学科的工具性

学科的工具性主要由本学科核心概念、基本方法、模型化的学科基本思维、解决模型化问题的基本步骤等构成,其也是支撑其他学科学习的基础。

不同学科的工具性体现不同,有的学科体现得较为明显,如语文、数学和外语。这三科从学生个体的综合素养建构思考,语文的工具性是为学习其他各科提供了对话的工具、书写的载体、交流的语言逻辑等;数学的工具性则更多是为学习其他学科提供了一种简洁的表达方式、表达逻辑、表达模型和表达步骤;外语的工具性更倾向于听、说、读、写,为获取母语以外信息作为支撑;科学学科的工具性主要是学科观念,主要由学科核心概念、模型认识、理性思维、实验探究和社会责任等几方面的基本要素共同构成;人文学科的工具性主要由学科认同、理性思维、参与意识、家国情怀等要素构成;体育课程的工具性就是对认同的一项或几项体育运动基本技能的训练,达到热爱这几项体育运动的目标,为人生健康奠定基础;艺术学科的工具性,就是通过对自己认同的一项或几项艺术项目的基本技能训练,实现对该项目的热爱,并能成为自己终生的爱好或专业方向的选择。

体育、艺术等学科的工具性,在个体认知上好像不是知识,更像是一种技能的训练,但实际上这是知识的一个内化过程。与之相反,其他学科的工具性将会被个体意识到的是知识,是需要被记忆的,有时也是需要进行训练的。

学科的工具性对每一个学生的成长而言,是基础、是根基,是进一步学习的前提,这部分的学习通常是每一个学生人生成长的必要过程。对一个义务学段的学生来说,这一部分的学习不存在主观意愿的问题,而是必须完成的任务,只有完成了这些基本任务,才有可能继续深造。

学科的工具性对学科老师而言,起到了准确定位本学科教学内容的作用,只有明确本学科的工具性,老师才能顺利对某一结构单元进行比较准确的知识和能力剥离。而只有完成了相关的剥离,才有可能做教育的减法。完成了这项任务,就能在兜住底线的前提下,促进学生有序的分化,让一部分学生具备了向着不同学科的学科性层次迈进的能力。

每一个学段的老师一定要在教学过程中,完成工具性知识的定位,才可能设计出适应学生发展的教学方式,进而促进学生的快速提升。

(二) 学科的学科性

从广义上来讲,学科的学科性是学生在本学科上的传承能力和创新能力,也是学生对本学科的学科文化的高度理解和认同。从狭义上讲,学科的学科性是指该学科系统性的科学思维、科学研究方法,对该学科未来发展方向的准确定位,能运用本学科特有的基础知识和基本方法,结合相关学科的知识与方法,创造性地拓展本学科的不同领域发展空间的能力。

基础教育的不同学段、不同学科的学科性对学生的要求是不同的,学科性可表达的层次也是不同的。

小学学段,语文和外语重在积累,更加关注的是工具性,随着年级的升高,这两门学科关注了学科性;数学一开始就是工具性和学科性并重的一门课程;科学、体育和艺术一开始关注更多的是某一领域的学科性,让每一个学生找到自己的人生兴趣,为人生综合素养奠基。

初中学段,进入各科工具性和学科性并重的阶段,到了初二有一部分学生可能会出现更多地关注学科性,为人生的职业趋向奠定基础。

高中学段,对知识的要求进一步提升,此时学科的工具性和学科性比值可能进一步改变。这一比值的改变可能更有利于学生进入下一阶段的深造。

高中学段每一门课(一般是指语文、数学、外语、物理、化学、生物、政治、历史、地理等)的工具性与学科性的比例要求约维持6∶4。首先,是学业水平考试要求比值会升高,分科后学科的工具性和学科性的比值一般根据生源的差异而不同,生源质量越高,其比值下降的程度也会越大。参与专业水平考试的学生,专业课程对其要求更多的是学科的学科性水平。

学科的学科性水平对学生人生规划起到很重要的支撑作用。每一个学生的人生规划除家庭因素外,一般都是在不同学科的学科性的感染中激发出来的。当一个学生对这个学科的学科性有充足的兴趣时,这个学科就有可能成为这个学生人生职业方向的选择。

在基础教育的每一个学段,都应立足于学科的工具性,同时激发并引导不同学生对不同学科的学科性的追求,进而为他们实现人生规划进行有效的支撑。

基础教育领域,每一位专业老师都应该对本学科的工具性及学科性进行深入的研究,各位老师只有切实依据国家课程标准,梳理出本学科在基础教育各学段的工具性内容,进而对其核心知识进行提炼,在课堂上引导学生完成对该学科基本体系的建构,才能实现本学科对相关学科学习的支撑。

学科的工具性的定位和落实,是需要老师对本学科的学科性进行充分研究的。唯有在其基础之上,学科的工具性的落地才能实现。加强对学科的学科性特征研究是老师教研能力的体现,在各学段的学科教研中,应引导老师依据新课标建立学科的学科性体系研究,针对学科性要求底线,剥离出支撑学科性体现的知识,定位出相应的核心知识。当学科老师能沿着这一要求进行专业研究时,老师的专业成长将会走向快车道。

(三) 学科的工具性与学科性在教学中的实践

在基础教育不同学段里,同一学科的工具性与学科性要求不同,不同学科的工具性要求也不相同。对某一学生而言,每一学科的工具性和学科性差异很大。作为基础教育,语文、数学、外语首先体现的是工具性,随着学习的深入,才逐步体现出学科性。不论是哪个学段,底线是守住学科的工具性,一定要提供学科的学科性的激发平台,引导不同层次学生对相应学科的学科性领域的追求。

学科的工具性是每一个学科的基础,通常是指构成本学科的知识部分,在教学中的要求是需要记忆的。不同学科的工具性有时也不限于这些,还包括一些基本的应用方法与步骤。如果学生要完成本学科的学习,那么老师则需要对本学科工具性的内容,进行更多的研究,思考如何帮助学生完成对相关知识的基本记忆。其具体操作体现在西安铁一中陆港学校改革中的"五读"部分。

学科的学科性在教学中通常是指需要通过探究去完成的部分,也包括本学科综合性能力形成的部分,学科性建立在工具性基础之上,没有工具性就很难形成学科性。

在每一学段,不同学科的工具性和学科性有时还有很大的差距。例如,音乐、美术、体育、计算机等学科,在本学科的不同领域内对学生掌握学科性的程度要求比较高;而基础学科可能在较长时间内对学科性要求都比较低,如语文、数学、外语等学科。

在不同的学段,同一学科的工具性要求和学科性要求也不同。例如,语文、数学、外语等学科,在小学学段更多的是对工具性落实的要求,而到了初中学段,逐步有少数学生对学科性有比较高的要求,到了高中学段,按照教学要求,所有学生在学科性要求方面都应达到一定程度。

初中及以下学段的教育,要把每一学科的工具性要求作为对学生的底线要求去研究,让每一个学生在完成义务教育以后,具备学习不同学科知识和基本思维的能力。

到了高中学段,每一个学生都应对开设的学科完成工具性内容的掌握,对自己所选的高考科目,一定要完成相应的学科性能力提升,只有这样,才可能在进入大学后基于自己认同的职业方向进行进一步深造。

第八章　认知能力的提升

对教育本质的追寻，社会发展不同阶段的基础教育如何实现所需人才的培养目标等，都是教育研究者关注的重要问题，特别是进入信息化时代，人们渴望有一种更加客观的表述，作为基础教育改革探索的指导。信息化时代是知识爆炸的时代，每一门学科的知识都成几何倍数增加，这必然对基础教育提出了新的挑战：面对浩如烟海的知识，如何快速学习成了困扰基础教育的难题。于是"知识不重要，知识不需要记忆"等言论对基础教育界产生一定的困扰。很多基础教育的研究者提出，突破这一困境的方法为提升学生的学习能力。然而，怎样去提升学习能力，这一问题尚待作答。既没有相关成熟的理论研究可作指导，也没有可以引领提升学习能力的成熟实践可推广。笔者通过对基础教育改革的实践，发现并总结了信息化时代基础教育解困的根本路径，即提升学生的认知能力。此外，笔者还提炼出提升认知能力的相关指导方法，这些方法在长达十年的实践中得到充分的印证，能较好地解决基础教育的很多问题。

笔者在实践中发现，解决这一问题的前提首先是解决思维结构单元内知识和能力剥离，然后进一步剥离出核心知识和一般性知识，核心知识要正确记忆并内化；能力则是通过小组探究等实践，在老师的引导下，由学生自己建构完成的。笔者还发现团队型合作是提升能力最有效的学习载体。而拥有综合能力的学生才能具备较强的创新能力，这样的人才是未来社会所渴求的人才。

（一）痕迹基因假说

人在后天生活过程中，通过外界刺激，形成相应的表达，这一表达过程或多或少在 DNA 片段上留下相应的痕迹，这种痕迹可以被遗传。如果在子代中发现了这种痕迹基因表达，并能及时对其进行相应刺激，那么相应的行为就会被加强；如果没有相应的刺激去加强，随着年龄的增长，这种痕迹基因表达将会消退。研究表明，痕迹基因是有可能在家族中沉淀为家族的特征基因。那么，这种假说的提出究竟依据了什么？

首先，免疫理论为痕迹基因假说提供了一定的理论支撑。免疫是人体在接受抗原刺激后，激活相应的 DNA 片段，进而实现相应蛋白质（抗体）产生的过程。在相同的抗原被多次刺激后，对应的 DNA 片段可能形成短时或长时（一生）的表达单位，我们可以把这种具有表达特定 DNA 片段称为临时基因。这一基因在表达信号传递过程中，可能对生殖细胞对应的 DNA 片段产生信息影响并传递给下一代。子代中出现相应的抗原刺激，可尽快唤醒相应的 DNA 片段表达出相应的蛋白质。上一代因外界刺激出现相应表达的 DNA 片段，在后代对应的 DNA 片段上留下的相应信息片段，这种信息片段被称为痕迹基因。

其次，印随行为也印证了痕迹基因假说的科学性。一些刚孵化出来不久的幼鸟和刚生下来的哺乳动物，会学着认识并跟随它们所见到的第一个移动的物体，这个物体通常是它们的母亲，这种行为即是印随行为。印随行为一般发生在动物刚刚孵化或出生后，如刚孵化出来的小天鹅如果没有母天鹅，就会跟着人或其他移动目标。印随行为是动物的一种本能行为，这种行为是具有遗传特性的。痕迹基因是在孩子出生后，如果出现了痕迹基因对应的环境条件刺激，孩子就能快速对刺激信号做出应答。如果这种刺激得到多次强化，就很容易形成孩子的一种习惯。在日常的观察和研究中，笔者发现：一个长期在城市单元楼中生活的母亲，有一个很好的习惯，每次把家人进门后脱下的鞋子整齐地放在指定的地方，一岁左右的孩子看到后很快能强化这一习惯。如果母亲没有这种习惯，或者家庭无这一氛围，那么孩子在相同的环境中很难产生类似的印随反应。

最后，人类基因组研究成果对痕迹基因假说而言，也是强有力的证明。自人类基因组草图公布以来，世界掀起了基因研究热潮，成果层出不穷。在后来的一项研究成果中发现这一规律：只要一个家族五代人坚持某种行为，这种行为即可能稳定为基因传递给后代，而鸟类只需要一代。这一成果成功地解释了家族行为的特异性遗传基础和环境对生物表达的影响方式。从第一次接受某种刺激信号，并激活了体内相应的 DNA，进而实现表达，到几代人努力形成能稳定表达的基因之间，体内相应的 DNA 被激活后在表达过程中会留下相应的痕迹，这种痕迹如果存在，那么相同信息再次被刺激时就会快速表达，并且这种痕迹信息或多或少对细胞产生影响，包括生殖细胞。

(二) 痕迹基因假说对基础教育的潜在作用

学前教育阶段是强化已有痕迹基因的最佳时期,在这一时期,通过对痕迹基因表达刺激的加强,儿童将会快速地形成个性特色。形成儿童的个性特色可能是最快捷的过程,儿童的个性特色一旦形成,在这个领域的认知能力也将得到较大的提升,进而把这种认知能力迁移到相关领域,形成较高综合认知能力将成为可能。

具体来看,观察时间应从一周岁开始,坚持每日记录,在记录中统计一些不自主行为,再和父母相关行为进行比较,如果相同性大于60%,就可以确定出痕迹基因的表达,再筛选出我们期望的行为方式,对其进行快速强化,这种行为则可能幻化为儿童的持久行为。

在这种行为确定后,可以进一步对其进行更高阶层的强化训练,进而全面提升儿童的相关认知,为人生的特色形成奠定基础。

(三) 基础教育学段提升认知的五个认知原理

基础教育包括小学、初中和高中三个学段。每一个学段,教学任务和要求不同,但从知识积累和能力提升的方向去分析,本质上都是认知能力制约着学习能力。从多年的研究与实践过程发现只有立足于认知原理去设计教学活动才可能找到快速提升学生个人认知能力。下面的五个基础教育认知原理是根据科学成果研究进程提出并在实践中得到了充分印证,它们分别是知识记忆原理,团队型小组学习认知原理,结构化教学知识建构原理,能力形成原理,运动、活动形成综合能力原理。

1. 知识记忆原理

古希腊哲学家柏拉图对"知识"做过这样的界定:知识是符合文明方向的,人类对物质世界及精神世界探索正确结果的总和。它一定是被验证过的、正确的,而且是被人们相信的。但知识的价值判断标准在于实用性,以能否让人类创造新物质、得到力量和权力等为考量。

随着人类社会的演进,累积的知识浩如烟海,不同领域都形成了各自的学科体系。整个知识体系或相应的学科体系都会产生具有工具性的学科或学科中具有工具性的知识体系。首先,人类在认知世界中是需要积累基础学科体系中的工具性知识;其次,也需要积累自己所专注的学科领域中工具性的学科知识。这是学习的基础,这一基础性知识的掌握主要依赖于记忆。

记忆的过程是人类思维中信息内容的储备与使用过程,记忆这一动作是人脑对发生过的事物的识记、保持、再现或再认,它是进行思维、想象等高级心理活动的基础。

站在生理学的角度看知识记忆过程,各种类型的知识信息以不同的方式刺激人的大脑皮层,这种刺激具有发散性、多元性、认知的片面性等特点。大脑皮层在接受信息时,首先接受的是与原认知体系中有趋同性的部分,这是记忆中的趋同记忆优势,而与原认知体系没有关联的知识,则容易被忽略,很难被原认知体系同化而建构新的知识体系。

由于个体认知的生理特点,个体在知识认知后形成记忆时很容易形成差错,我们可以把这种差错称为个体趋同性认知造成的认知差错。在学习认知中避免差错最有效的方式是认知后进行认知交流,再进行知识的记忆。

个体认知结构如图 8-1 所示。

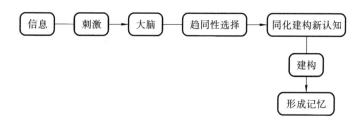

图 8-1　个体认知结构

2. 团队型小组学习认知原理

团队型小组的组织特征是有序分工、每一个人承担的角色明确又密切配合,理想中的团队每一个成员在系统功能中都是不可或缺的。

团队型五人小组在学习时,每一个成员除自己独立建构知识结构外,还需要接受另外四个成员各自不同认知信息的碰撞,在认知信息的碰撞中认知系统会发现不同成员的认知不同,不同成员认知的角度也不一定相同,这也说明人脑对自己所感知的客观事物是带有很明显个人认知结构的特点。因为个体认知从生理角度上看很容易出现认知偏差,所以认知纠偏是学习不可或缺的学习过程。

在小组交流的过程中,当小组成员发现自己的认知与其他成员的认知有偏差时,就会在交流过程中对自己的认知进行纠偏,重新建构出新的认知,这种再建构的认知会更加接近客观真实。在小组认知结果呈现后,老师再通过点评、规范后,学生才能建立起相对完善的、规范的、系统的对客观事物的认知结构。这一认知结构一旦形成,那么学生今后在面对生活中类似的问题时,会比较容易用建构出来的认知去解决问题。

团队型五人小组学习最大的优势是让每一个学生建立的认知体系与客观实际更接近,有利于学生运用已认知的知识去解决同类问题。

团队型五人小组内自我认知元认知结构图如图 8-2 所示。

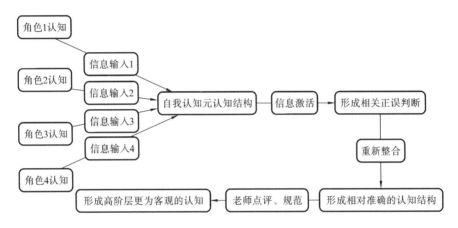

图 8-2　团具型五人小组内自我认知元认知结构图

3. 结构化教学知识建构原理

基础教育结构化教学这一理论范畴,其一是指立足学科,依据学生的思维结构整体划分出来的学习单元,此为结构化单元;其二是指跨学科就某一专题进行研究时,各学科共同支撑下的思维结构整体。在基础教育体系下,高中以下学段多采用第一种方式的结构化教学,到了高中学段可以根据学生的特点引入第二种结构化教学。

相对于碎片化的知识认知,结构化的知识认知有以下几个方面的优势:第一,同一思维结构下系统化知识,通过快速而大量的输入,有利于整体性建构出新的知识体系;第二,在思维体系内进行大量的多元性知识输入,有利于建立相对正确的核心知识结构体系;第三,由于快速大量的信息输入,可有效地防止原认知对新体系的干扰。这些优势,在近年来头脑风暴的学习活动中得到了充分检验。

从生理学上分析结构化知识的认知过程,更有利于知识结构化后学习的整体认知。结构化后的知识体系可以理解为同一思维结构下系统知识,快速而又大量输入后,原认知体系很难选择出趋同性认知部分,从而打破了原认知体系,实现全面的信息获取,逼迫人脑认知体系对信息做出重新整合,再建构出以输入信息为主的新认知结构,在强化过程中再与原认知体系进行相关性的信息整合,就会形成新的相对稳定的认知体系。这种体系一旦建立,就会实现知识层面的见一点而知结构的理想认知状态。

无论是基础教育中学科的结构化,还是跨学科结构化的研究前提是要立足一个学科或几个学科,把对应的知识和能力剥离开,在知识体系中建立核心知识结构。核心知识结构建立的认知原理可用图8-3所示的结构图呈现。

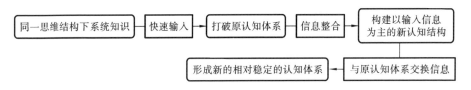

图8-3 原认知体系结构图

4. 能力形成原理

基础教育的目的不是知识的记忆,是将记忆的知识应用于生产生活,形成解决问题的方式、方法,最高层次是创造出新的知识去丰富相关的学科体系。当运用知识形成的新的解决问题方式、方法时,这些结论本身就是本学科的新的知识。

在基础教育过程中所说的能力,是指我们立足现有核心知识的多个结构单元,总结出一些相应解决问题结构模型和思维模型。在形成相应模型的体验中提升学生解决问题的认知能力,在这种认知能力完成后,学生就能在新情境下运用这种认知能力,自我调动知识,完成新的解决问题模型的建构。这是基础教育的终极任务,其中有组织地探究课堂支撑,开放型活动的实践是必要的研究任务。

在结构化研究中剥离出来的能力部分,出现的问题就构成了研究对象,大脑在接受这一信息输入时,没有现成的解决方案可用,大脑也会生成问题,进一步去刺激与问题相关的核心知识结构,从而激活了相应的已建立的核心知识结构,这些被激活的核心知识结构就会对问题组件进行快速的认知,问题组件被认知后分别形成相应的解决问题方案,同一问题体系下的方案形成后,大脑进一步整合相关方案,形成针对问题整体的思维逻辑体系,进而编辑出解决问题的方案,完成能力建构。

基础教育阶段能力形成原理可用如图 8-4 所示的原理图呈现。

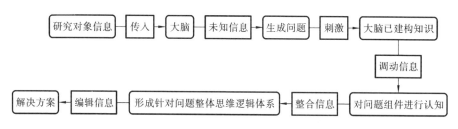

图 8-4　基础教育阶段能力形成原理图

在基础教育各学段能力建构中,通常会出现研究对象信息偏差影响大脑生成问题的准确性,因此,在能力建构中一定要对从现象到问题生成的信息进行全方位的分析,才可能提供准确的对象信息。对能力形成最核心的平台是探究课,但探究问题的提出是一个非常重要的环节,把握住这个环节,能力形成就事半功倍了。

5. 运动、活动形成综合能力原理

运动是指身体完成的各种运动形式。活动是指包括劳动、社会参与、学科活动、综合研究等参与性的综合体验。基础教育阶段这一类体验式的运动、活动都是综合性调动机体各器官,大脑认知中多种知识于一体的综合性认知过程。这些综合性的体验认知过程是基础教育体系中能力成长的重要途径。

这种认知体验过程,在完成过程中都需要调动大脑的运动中枢、视觉中枢、听觉中枢、语言中枢等各级中枢系统同时参与,把接收的信号同时传入躯体感觉中枢,完成输入信息的整合,调动出相关的知识结构,建构出解决问题的系统性方案,再分别作用于大脑的语言、运动等中枢系统,进而完成相应综合性行为。

运动、活动等能力形成原理可用如图 8-5 所示的原理图呈现。

以上一种假说和五个认知原理,在实践过程中有力地支撑了基础教育各学段教育行为的设计,再依据相应理论设计出来的教育教学活动的结果观察,很大程度上解决了当下教育教学改革中的问题,促进了教育教学改革的发展,收到了明显的社会效果。

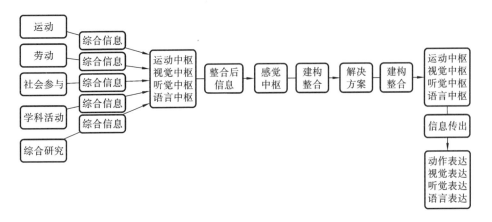

图 8-5 运动、活动等能力形成原理图

  培养什么人,是每一个时代基础教育都应思考并回答的问题。当时代跨入信息化、智能化的时代时,创新意识和科学思维的基本要求就会成为时代的基本要求。其中,创新思维品质、探究性思维品质是新时代人才所应具备的两个基本品质;而学科能力的发展和认知能力的提升则是人才所造就的痕迹。

  总而言之,基础教育只有顺应时代要求,才能为国家培养出合格的需要人才,社会才能持续性发展。

第三部分　怎样培养人
——团队型五人小组结构化教育教学改革

无论什么时代的教育，都把解决当今和未来社会可能存在的问题作为教育方向，这样的教育才能真正推动社会向前发展。我国启动的第八次教育改革，其目的就是为实现创新战略提供人才支撑。因为改革开放和社会主义现代化建设新时期需要创新人才，所以我国才把探究性学习作为基本的学习理念并引领新课改。而当今社会正处在变革和反思时期，出现了一些社会问题，如果不从教育入手解决，我们的社会就很难健康发展。学校教育从基本的职能讲只有两个方面，一是形成符合时代发展的高尚的道德品质，二是具有创新的思维品质。经历了长达十年的基础教育全学段的实践，我们基本形成了可以解决当下基础教育难题的"团队型五人小组自主探究"结构化教育教学模式，以期对"怎样培养人"这一重大问题有所回应。

第九章　教改历程:新教育教学模式的形成及确立

(一)第一阶段:"团队型五人小组自主探究"基本构架的建立

改革初期,我们所主张的团队型五人小组自主探究模式培养方向为:培养具有探究和合作的思维品质、具备程序和个性的行为特征的新时代学子。"五人小组自主探究"的前提是探究,核心是合作,目标是自主。当合作成为能力和探究作为个人的一种品质时,强大的自主能力就会自然实现。关于探究思维品质和合作能力,我们在第二部分有较为详细的论述,因此在这里不再赘述。

"程序"来源于计算机操作的概念,由一个总控程序和若干个执行子程序组成。解释程序的工作过程如下。首先,由总控程序执行初始准备工作,置工作初态。然后,从源程序中提取一个问题,并进行语法检查:如果语法有错,则输出错误信息;否则,根据所确定的语句类型转去执行相应的执行子程序。解释程序的突出优点是可以简单地实现目标,且易于在解释执行过程中灵活、方便地进行插入、修改和调试。

"个性"在西方有两个方面的含义:一方面,原指演员在舞台上所戴的假面具,后引申为一个人在生命舞台上所扮演的角色;另一方面,指能独立思考、具有独特行为特征的人。

按照"程序和个性"的行为特征培养学生是当今社会对人才的呼唤。所谓教育中的"程序"就是遵守社会公共道德准则,遵守学校规则,学会坚持良好习惯;对学科而言就是按老师的指令完成学习过程,形成学科内思维体系;对作业而言就是掌握某一类型试题的基本思维路径、基本的解题步骤、基本知识调动的步骤。如果我们的教育培养出了这些习惯,那么我们培养的学生就能用和谐的思想去面对生活和社会,那样我们的社会就会多一些关爱。

只有程序显然不够,如果我们只强调程序,我们的社会就会太程序化,就会缺少创造力。所以,在强调程序的前提下一定要强化"个性"张扬,在"程序"的框架下要求学生个性得到充分的展示,我们的社会才会有创造力,我们的社会才会精彩。那么,个性在学校教育中应该如何培养呢?就是学校、班级和老师要不失时机地为学生提供不同的展示空间,让学生尽兴发挥、尽兴张扬。例如,西安铁一中陆港学校设立的选修课、阅读、小报及各种活动、一日三次反思、磨炼意志训练营等。对学科而言就是在课堂上让学生形成在总体规范要求下各人尽展风采,小到做题时掌握好常规方法,大到倡导学生尽可能展示出各种不同做题技巧和更简洁地呈现试题的方式方法。

在"探究与合作、程序加个性"培养目标的引领下,我们确定了"团队型五人小组自主探究"的培养方式,这也是学生学习和活动的评价单位。

小组建制的教育教学体系中,小组是作为班级处理各种事务的基本单位,无论是学习过程和学习成果的分享,无论是在处理各种矛盾和问题中成长,还是开展各项活动,都首先由小组来完成,从而形成学生自我处理问题的能力。这样的成长过程都是学生积累人生经验的过程,也是建立健全人格的过程。

团队型五人小组管理不仅分担了老师管理不过来的问题和矛盾,也培养了学生干部队伍,当学生干部队伍建立起来时,这个班级就进入了良性循环,这个班级就充满了正能量。

俗话说:"千军易得,一将难求。"学生干部队伍的建设不是一件简单的事,这不仅是班级建设问题,也是国家建设的核心。但天生优秀的学生干部是很少的,培养出一批优秀的班干部是我们每一个班主任的责任。我们要有一种这样的思想:不论你接班时原有的学生干部能力强弱,作为班主任都要认为每个人都有可能成为优秀干部。在管理过程中发现每一个学生的亮点,从各自的亮点出发,给他们成长的平台和时间,他们就可能会成长为一批优秀的学生干部。这样的带班过程,才是展示班主任教育能力的过程。

具体来看,在教育教学实践中,团队型五人小组的管理理念被总结为"人人都是管理者,人人都是被管理者",学校通过创设平台、提供评价、跟踪评价、落实评价等方式培养学生,此过程的核心是学生干部队伍的培养。

在个人程序意识的培养过程中,我们先要强化每个人的归属感,让学生知道每个人都是小组的成员,每个人的表现不仅代表自己,也代表全组,如何在短时间内让学生养成这种意识呢?

首先,强化指令意识,这是一个培养程序意识的基本方法和长期过程。要求老师在班级发出指令后说:"科代表、组长起立,按要求组织落实"。

其次,利用一日三反思培养学生的程序意识。早操反思:班主任和学生同时反思,以班主任为主,全体学生参加。午反思、班委反思:由班干部和各组组长参加,以学生干部为主,班主任参加。晚上语文、数学、外语科代表反思:由各科大科代表组织,各组小科代表参与,晚答疑老师参加指导。

然而,在"团队型五人小组自主探究"这个体系中,每一个环节又是一小体系,环环相扣,步步提升。最初小组自主探究教育教学体系总体可分为:教授课程体系和复习备考体系。教授课程体系又分为学校教育教学体系和社会教育教学体系。学校教育教学体系又分为课堂教育教学体系和活动教育教学体系。课堂教育教学体系又分为必修课程体系和选修课程体系。活动教育教学体系又分为德育教育体系和教学教育活动体系。社会教育教学体系分为周末教育教学体系、寒假教育教学体系、暑假教育教学体系。整个教育教学体系如图9-1所示。

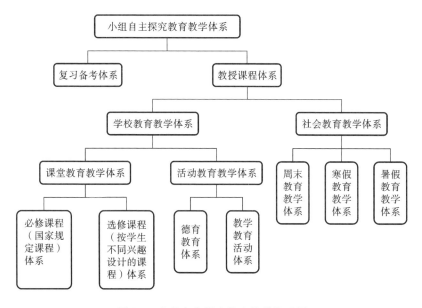

图 9-1 小组自主探究教育教学体系图

学校教育教学体系由周一到周五每一天的课堂教育教学体系和每日的活动教育教学体系组成,二者既相互独立,又互为一体。课堂教育教学体系由必修课程体系和选修课程体系组成,二者既体现了基础性又体现了选择性。

其中,**必修课程体系**是指国家规定的必须要完成的国家课程部分,这部分课程包括语文、数学、外语、政治、历史、物理、化学、生物、体育、美术、音乐、计算机、劳动技术(简称劳技)等。这部分内容是中学学段的核心课程,只有按规定的要求完成后才能毕业的核心部分,也是中学生学习的主要任务。在我们的教育教学改革中,必修课程体系和教学模式经历了从"三部六环"到"三类课堂"的演变。

除体育、美术、音乐、计算机和劳技外其他学科的每一课时都由"课前预习""课堂探究""课后拓展延伸"三个部分组成。所以,每一个学科都要按照国家课程标准和相关教材完成各学科具体教学资源的研发。在各科课堂教学资源研发的过程中,要以充分调动学生的自主学习能力为基本要求,以激发学生的学习兴趣为目的。

对课时划分时要依据课程标准的基本要求和各种考试的要求进行课时划分。每一课时设计的基本原则是:还课堂于学生,还发现于学生,还思考于学生,还自信于学生,还快乐于学生。

选修课程体系是由老师按照自己的特长,申报要开设的选修项目,教务处根据老师申报项目和学校的条件进行审批,每学年的第一个星期发布各选修课程海报以招募学生,每一个学生只能申报一个项目,根据申报情况进行少量微调。

选修课程体系开设的目的:一是落实教育体系中的地方课程;二是让每一个学生都能找到自己的乐趣,让学生在快乐中完成学习并培养出终生的爱好,让学生在快乐中形成个性特征,让学生不再认为学校是枯燥的地方,而是一个能发挥自己特长的地方,让学生真正感受到成长的快乐。早期西安铁一中滨河学校开设的选修课程有 17 个门类,67 种类型,基本上满足了学生个性发展的需求。

活动教育教学体系包括德育教育体系和教学教育活动体系,通过各种活动的设置,其目的就是为了让学生在体验中感受教育,在体验中形成能力。

德育教育体系是学校教育的组成部分,学校教育德育先行,没有良好的德育教育,一个学校不可能有良好的学风,德育教育和学科教育如车之两毂,鸟之双翼,缺一不可。德育教育体系包括以下几个部分:校园文化和班级文化浸润体系、系列班会教育体系、每日学生分享活动体系、每日班主任和学生交流体系、校内重大活动教育体系、每周升旗教育活动体系、团委活动教育体系、军训活动体系、每年 20 公里徒步春光活动体系、磨炼意志训练营教育体系等各种德育活动。

以上所有德育教育活动体系的目的都是:培养学生社会主义核心价值观、树立正确的人生目标、形成为目标奋斗的意志品质,最终培养出健全人格的合格毕业生,成为未来合格的社会主义革命和建设人才。

教学教育体系是指以每个年级的学科为基本单位进行的,是课堂教学的一种延伸,也是为课堂教学进一步提供能力形成的平台。教学教育活动的要求是"重参与、轻表演",在班级层面上要求人人参与。教学教育活动的流程是:开学后确定学科活动的内容,前两个月以小组为单位进行准备,第三个月以班级为单位进行展示,第四个月以年级为单位进行全面展示,现已规范为境读和学期展示。

在教改实践中,我们形成了丰富多彩的学科活动:各学科竞赛活动,每日阅读活动,每日观看新闻、历史、科技等电视节目活动,语文和外语学科的各种小报活动,参观学习和研究性学习活动,各种采风活动,好声音系列活动,语文风采秀、数学讲题大比赛、化学方程式大赛、历史剧展示、滨河生物大咖秀、体育活动体系等各学科系列活动。

开展丰富多彩的学科活动不仅形成了学生的合作能力,激发了学生的学习兴趣,提升了学科的思维能力,还全面促进了学生成绩等综合能力的提升。

社会教育教学体系(综合应用实践课)是基础教育必须要考量的重要部分。学生在成长过程中,不仅接受学校教育,还要接受社会教育。学生每年大约有150天的非在校时间,如果不把这个时间纳入学生成长的过程中,就是对学生的不负责任,也是对教育的不负责任。因为这个时间有的家长无所适从,随便找一个社会实习班打发时间,如果我们能把这个时间纳入进来,进行有效的安排,那么我们的学生就能在一个比较完整的体系中去成长。

根据各年级的特点,**双休日**要安排适当的必修学习任务,原则上初中生一天学习时间不得超过 4 小时,高中生不得超过 5 小时的必修学习任务。选修任务完全放开,学生根据自己的兴趣选择性进行。

为了满足学生假期成长需求,西安铁一中滨河学校为学生量身定做了**寒暑假**各科自主成长资源,既有基本的必修内容,也有大量丰富的选修内容。

此外,在备考时,我们还形成了**复习备考教育教学体系**。

没有评价,就没有方向。"团队型五人小组自主探究"教育教学体系一开始就对评价体系的建设非常重视,如每日德育评价体系、抽检评价体系、学期考试评价体系、学科日常评价体系、教师课堂评价体系等系列评价体系。

由于评价体系的变化,对老师的要求也随之发生改变,改变的老师职能可用"导演"表述,即老师应该是一个设计者、指挥者、评价者、参与者,导演可以当演员,但演员一定不是导演的主要任务。

通过上述实践过程和体系的制定,我们不难看出,"团队型五人小组自主探究"教育教学体系的创新之处,是在全国各地推行课堂改革的进程中全面推行的教育改革。抓住了这个时代要解决的主要问题,即形成合格品质促进社会的稳定,通过探究性课堂设计把常规课堂转变成探究性课堂,达到学生形成探究性思维品质的目的,为实现中国梦提供创造性人才,常规课堂通过必修课堂和选修课堂任务真正解决了学生个性化教育问题。

然而需要警醒的是,在当时的教育改革实践中,已然暴露出些许问题,如老师理念的转变、综合素质全面的老师较少、老师培训经费和时间不足。尽管我们的教育改革在实践过程中,得到了学生、家长、社会的广泛认同,也促进了学校快速发展,同时带动了当地经济社会的发展。但是我们清醒地意识到,教育改革需要较长时间才可能完成,不能为了某种利益操之过急,否则,教育一旦出现了问题,我们的民族是要付出代价的。基于此,我们的教育教学改革逐渐迈入第二阶段。

(二)第二阶段:小组建设的完善和结构化改革的进行

西安铁一中滨河学校从办学之初,就力求顺应社会发展,致力于以形成正确的价值取向为突破口的系统化教育改革的探索,即日常教育体系结构化改革、课堂体系结构化改革、各科教学资源结构化改革、学生成长活动结构化改革、节假日学生成长教育体系结构化改革、学生成长评价结构化改革等系列探索。在全面的探究中西安铁一中滨河学校得到了快速发展,已成为办学特色鲜明、家长认同、毕业学生就读高校满意的一所新型名校。

起步之初,因生源较差、加之地处城乡接合部的特殊背景,学校要快速发展起来,只有改革。面对新时代的人才培养要求和改革遇到的瓶颈,基础教育的改革只能进行全面结构化的调整,才可能解决新时代对人才的需要、才可能克服基础教育诸多难以解决的问题。西安铁一中滨河学校在全面探索过程中,把立德树人,即以社会主义核心价值观深入每一个学生心中作为西安铁一中滨河学校基础教育改革的首要任务,把课堂的第一目标定位为情感目标,与之全面配套德育、课程、教材、课程结构、活动结构、课堂结构、评价结构等全方位的结构化改革探索,走出了基础教育课程改革的瓶颈,把核心素养的落实和升学考试有机地统一到一起。在先期大量调研的基础上,设计了"团队型五人小组自主探究"教育教学改革框架,采取边实践边研究、边研究边完善、边完善边定型的改革思维。这是经过近六年的实践与理论研究而取得的明显成果,也使一所新办学校快速成为一所具有很大影响力的学校。在此基础上,我们进行了深入的改革。结构化改革具体表现在以下几个方面。

其一是**目标结构的变化**,西安铁一中滨河学校为了解决学科教学中的问题,顺应时代发展,把课堂目标顺序调整为情感目标、能力目标、知识目标。通过这一调整不仅回答了为谁培养人和培养什么人的问题,而且点燃了学生学科探究的激情,使学生充满动力。

其二是**素养结构的变化**。中华人民共和国成立后,我国确定的学生素养结构的要求为德、智、体、美、劳"五育并举",随着近两年的高考试题中有所要求,但部分学校在升学过程中仅剩下了智育目标,其他目标也仅是理论学习。西安铁一中滨河学校因立足核心素养要求的变化,首先提出了"不畏考试,不唯考试"的培养方向;其次支撑学生核心素养全面落实的课程和课时设计本着"综合素养的提升和升学统一性"体系化进行设计。

此外,西安铁一中滨河学校在每一学段内都规划了以落实核心素养为主体和以升学为主体的学段安排。例如,高中学段,高一、高二以核心素养落实为核心的课程安排,而高三则是以升学为核心的课程安排;初中学段,初一、初二和初三的上半学期都以核心素养落实为核心的课程安排,只有初三的最后一学期才是以升学为核心的课程安排。

支撑素养结构的是课程,西安铁一中滨河学校的课程分为必修课程和选修课程,选修课程又分为国家选修课程和校本选修课程。在落实以核心素养为主体的学段内,校本选修课程的地位和要求与必修课程相当,体育课程更是重中之重,而且体育课程形式多元,除全校每天都有统一组织的45分钟的早操训练外,还有全校的统一体育活动时间和丰富多彩的体育选修课程。学生在校休息时间的保证是第一位的,例如,春、夏、秋、冬每天均有午休,且均为50分钟,晚上休息时间均保证在 8 小时 10 分钟。学生生存训练和以班级为单位外出徒步 20 公里研究性学习都是学生的必修课程。

通过立体、多元、系列化的教育结构设计和落实,全面支撑了素养结构变革,为学生全面落实核心素养提供了保证。

其三是**课程结构的变化**。通过近六七年的实践,西安铁一中滨河学校已形成了国家课程、校本课程、公共体育等结构化课程体系,为落实核心素养提供了载体。对每一门国家必修课程都进行了结构化的研究,解决了课堂多元化教学的问题。

课堂是实施教学的载体和平台,课堂结构的变化也是支撑教学改革的基础。因为西安铁一中滨河学校课堂教学是以情感态度价值观为引领,落实知识形成能力的课堂教学,课型已形成比较成熟的三类课堂形式。探究性课堂评价标准为"学生的思维是否打开,探究性问题是否以基本的规范呈现"。

其四是**活动结构的变化**。能力的形成是通过活动实现的,活动结构包括课堂合作探究常态活动、核心知识落实课的境读课堂、每学期的学科核心知识情境化展示活动、德育重大活动、德育日常活动、节假日实践活动等。

其五是**评价结构的变化**。基于近八年的教育教学经验,在西安铁一中陆港学校,我们确定了基础教育的评价应立足于落实核心素养的各层面要求,保护灰色地带(现有评价无法关注的地方)的大多数学生,启动了行为评价体系的研究。依据西安铁一中滨河学校改革的要求,把全面落实核心素养的评价体系提炼为三个维度。具体表现为担当精神(责任·荣誉)、自由品质(程序·个性)、创业能力(合作·探究)等三个维度。其中,把担当精神确定为第一评价目标。

担当精神包括两个层面,即责任和荣誉。基础教育中一定要引导学生建立起正确的、强烈的荣誉观,通过做每一件事的认真态度去获取荣誉。这里的荣誉不仅是奖状和奖金,更应是学生通过努力成长进步的内心体验,争得荣誉的过程就是承担责任的过程。

社会主义核心价值观中提出"自由",对自由的理解更应从中小学生开始培养。自由品质即是人文素养的重要组成部分,包括严格遵守制度下的行为和发自内心替他人着想的善良。为实现这一目标,西安铁一中滨河学校对自由定位在两个层面,即程序和个性,学生在成长过程中每一件事都要以程序为前提形成规则意识,在遵守基本规则的前提下去充分张扬个性特征。

从社会发展过程分析,一个成功的创业者必备两个品质,即合作精神和创新思维。在此认知基础上,结合信息化时代的特征,当时就确定出西安铁一中滨河学校学生评价的第三课程维度。这时,三个维度的评价结构初见模型。通过"团队型五人小组"为教学和生活的基本单位,确保合作精神的养成;通过每节课和各种活动,确保每个学生探究性思维品质的形成。当学生具备了这两大特征时,就具备了创业能力。

在形成落实核心素养三个维度评价的基础上,实现了德育量化评价体系、个人成绩评价体系、小组成绩评价体系、选修课程评价体系、节假日社会实践评价体系的建设。在这种新的评价体系引导下,我们逐步形成了比较完善的全学段教育教学改革体系。这一评价体系,基本确保了基础教育能够全面落实核心素养,为未来创业人才的成长奠定了坚实的基础。

为真正解决合作和探究两个能力问题,通过反复实践确定为"团队型五人小组"为学生评价、学习和生活的基本单位。这种调整有效地解决了管理上的落实难题,也为班级教育多元化奠定了基础。在一个班级中人人都是承担者,在一个小组中通过承担,从不同角度点燃了学生的学习激情,实现了学生成长中自我认同感和对他人的尊重感,激发了学生的学习潜能。

全面教育改革已走过了十多个年头,在理论、操作等方面都取得了显著的成效,已基本建立起全面教育改革基础教育各学段理论体系、操作体系和资源体系。

反观过去,我们已形成的理论体系是提出教育的本质,是促进个体人控制动物属性无限提升社会属性的过程的理论,为基础教育改革找到了突破口;明确探究不仅是一种过程,更是一种思维品质的理论,为探究性课堂完善提供了理论支撑;以情感态度价值观为课堂第一目标的课堂理论,指导了课堂结构化变革;三类课堂形式中的"三部六环"探究性课堂理论体系的建立为形成探究性思维品质的课堂教学模式建立提供了支撑;课堂探究性问题设置的抓手是能力目标问题化理论的提出,解决了基础教育中探究性问题设置的难题,为基础教育各学科课堂探究性问题标准化建立提供了理论支撑;完整的"团队型五人小组"建设和管理体系的建立,为这种适应信息化时代教育推广提供了理论支撑;"任意点切入复习法"升学备考理论体系的建立,为实现落实核心素养和升学考试相统一在操作层面提供了理论支撑;以学科思维为单元的结构化理论的建立,为基础教育教材改革提供了相关的理论支撑,为全面实现学习载体结构变革奠定了基础,成功为信息化时代班级教学方式找到了突破口。

此外,支持改革的核心是适应改革的资源体系、课程设置体系和评价体系。这三个基本体系已初步建立。我们在实践中全面建构出支撑团队型五人小组结构化教学的课堂资源的系列平台,各学段联合培养,可以在基础教育过程中真正形成学生合作能力和探究的品质,为未来社会输送了既能维持社会稳定,又具有强大创新能力的创业人才。我们在实践中找到了与落实核心素养相统一的初高中全面落实核心素养与升学考试统一的操作体系,即完整的"任意点切入高(中)考复习法",该方法得到了实践的全面验证。我们明确建立了落实核心素养评价的三个维度,即担当精神(责任·荣誉)、自由品质(程序·个性)、创业能力(合作·探究),建立一套可操作的基础教育行为评价体系,我们基本找到了实现全球命运共同体人才培养的方向。

通过图 9-2 我们发现,只要是与活动相关的课程,在落实核心素养的形式上都是多元化的。我们已初步建构出比较完整的基础教育改革各学段理论体系、

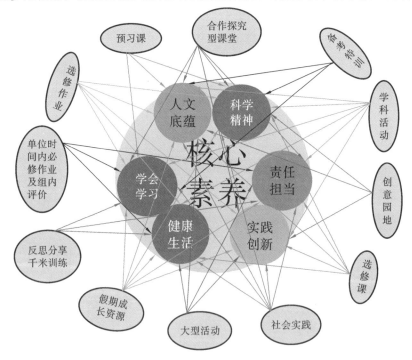

图 9-2　西安铁一中滨河学校落实国家核心素养的基础教育课程体系

资源体系、管理结构体系、操作流程体系、评价体系等结构性体系框架。

在十年的实践中,我们基本找到了解决基础教育问题的操作载体:以"团队型五人小组"为教育教学基本单位的教育教学组织方式,有效解决了个人主义问题,加强了集体主义精神,提升了学生对学校的高度认同;结构化、系列化的活动体系,搭建了学生能力形成的平台;完成了不同年级每天时间设置研究,实现了各年级安排的多元化;完成了双休日和节假日学生成长指导资源的研究;保证学生每天有超过一小时的体育活动时间。国家级十二五课题"'团队型五人小组自主探究'教育教学体系课堂教学的研究与实践"已结题(课题编号"CTF1201156")。

以四届高考和两届中考的检验为例,说明改革是成功的。

(1) 四年的高考,真正实现了不论哪一类学生,只要在西安铁一中滨河学校坚持学习三年就极有可能达到考上本科的目标,如表9-1和表9-2所示。

表9-1 四年高考数据

毕业时间	理科最高分	全省位次	文科最高分	全省位次	600分以上人数	一本上线率	二本上线率
高2016届	672分	623位	635分	140位	53人	86.50%	99.40%
高2017届	684分	197位	630分	291位	86人	91.80%	99.50%
高2018届	680分	360位	651分	93位	150人	92.00%	99.60%
高2019届	683分	256位	658分	102位	261人	92.03%	100%

表9-2 本届学生2016年入学中考成绩与2019年高考成绩对比

2016年中考录取全市序位	2019年高考录取全省序位			
	全省序位	文科	理科	合计
前1000名	0	前200名	2	0	2
		前700名	14	8	22
		前1000名	22	16	38
前2000名	24	前2000名	47	31	78
前3000名	48	前3000名	67	61	128

注:2019年西安铁一中滨河学校高考中985学校录取比例为35.6%,211以上学校录取比例为70.9%。

(2) 近两年的中考成绩(见表9-3),无论是尖子生的序位、600分以上学生,还是中招过线率,都让社会为之瞩目。短短五年时间西安铁一中滨河学校已经成长为西安市一所热点学校。

表 9-3 2019 年与 2018 年中招录取情况对比表

年份	700 分以上	690 分以上	686 分以上	684 分以上	录取分数
2018 年	0 人	4 人	8 人	13 人	668 分
2019 年	3 人	62 人	129 人	213 人	684 分
差值	3 人	58 人	121 人	200 人	16 分

特别是 2021 届中高考,高考中一学生进入全省文科前 47 位,初中全西安市 685 分以上只有 12 人,西安铁一中滨河学校就有 2 人。

(3) 毕业生综合素养得到检验。

首届高三学生共计有 22 人次获得生物、化学、计算机、数学等学科全国联赛二、三等奖,高中部 2018 届学生已经出现计算机竞赛省级一等奖,2020 届学生出现生物竞赛省级一等奖,在各大名校获得自主招生资格。在高校自主招生的面试中,西安铁一中滨河学校学生表现出类拔萃,如李天择同学,在香港科技大学、香港理工大学、中国科学院大学等学校自主招生面试中都以 A＋成绩获得陕西第一,他最终选择就读于香港科技大学;党重尚同学在苏州大学纳米专业全国 2 万多人参加的面试中,位列第 6 名,陕西第一,最后陕西仅录取他一人;特别是在南方科技大学自主招生选拔中,西安铁一中滨河学校共有三位同学参加,钟兆伟同学位列陕西第一,另两位同学位列陕西前五。

每届学生在高考前心态非常平静,直到 6 月 5 日和 6 日,才依次离开学校;高中两届毕业生离校前都能把对学弟、学妹有用的资料和书籍整理好,整整齐齐摆放在教室外的楼道上供他们选择,没有出现撕扔书本现象,西安电视台还以《中国好学长》为题进行专题报道;教室、宿舍均由学生自发打扫干净,然后依依不舍离校。

与其他人相比,西安铁一中滨河学校学生初入大学有不同表现。2016 届西安铁一中滨河学校学生李佳怡被西北大学化学专业录取,开学日媒体对新生进行电视采访时,很多新生都在避让,而她却自己主动上前,侃侃而谈,此事微信朋友圈刷屏,引起西北大学校方关注。

学生毕业后,在教师节时,多批学生家长来学校送锦旗表示感恩。理由是,到大学与全国五湖四海的学生相比,西安铁一中滨河学校毕业生阳光、开朗、大方、自信、有担当。多数家长也由衷地对三年前质疑西安铁一中滨河学校教育教学改革的行为表达歉意。

毕业生回校进行招生宣传时,能够统筹安排、与人沟通热情大方,和与之同行的其他高中学校毕业生相比,综合素养特别突出。

实践验证了这种体系不仅适合城市学校,而且对贫困地区学校的促进作用十分明显,还找到培养"四有好老师"快速通道(与贫困县柞水合作办学的探索)。

一系列的成果展示了西安铁一中滨河学校全面教育改革是成功的,初步展示出信息化时代学校课堂的雏形,即学校课堂就是守住底线促进学生分化的新教育思维理论,基本找到了学校适应信息化时代班级教学的方向(减负问题、休息与运动、个性发展问题)。

(三)教改探索:躬耕实践寻求教育教学改革的答案

每次教育改革要想走向成熟都不可能是一蹴而就的,必须经过从理论到实践,在实践中反复验证,继而总结提升,再到实践中验证的过程。教育改革尤其如此。教育改革决不能出现不可逆转的错误。因此,教育改革必须在理论推理中确认无问题的前提下进行,且在进行中要以保证学生成长不差于改革前的结果,同时要直面并解决每一个实践中的问题,在解决问题中去优化每一个环节。基础教育改革如果全面对一个人的成长起持续性作用,必须是全学段性、持续性、系统性的,才可能得到全面的验证。试想,当下的基础教育是十二年制,小学六年,初中和高中每学段各三年,一个完整的实验十年能得出最基本的改革结构和核心环节的改革方案,可能是见效很快的方案了。由此可以得出这样一个结论:短时的改革成效只可能是某一环节上取得改革成果,是宝贵的。

本改革历时十年之久,客观地说,仅仅是总结出了一个比较完整的基础教育全面回归一个人可以具备适应自己个性成长的育人构架和一些关键点上的操作,距离成熟和相关系列化资源的支撑还有很远的路要走。本部分试图把十年来每一个教育改革的关键问题从初始实践到基本形成可操作的改革指导过程呈现给读者,以期从其中感受到教育改革的严谨性、过程性和实践性,帮助在一线教学改革的老师能客观正视自己努力的价值。

1. 老师教育改革理念的提升经历

在一场教育改革中,老师的改革认同是第一步。在形成老师的改革认同中,一方面是通过理论与实践培训提升每一个老师的认知,更重要的是在实践中能及时给予老师实际指导,在老师指导下提升实践能力,进而感受到改革的红利。下面摘录在改革过程中解决改革理念的交流过程。

(1) 改革答疑解惑——答一个高标准的初中生养成中困惑的解决。

小学进入初中是人生的一个过渡期,进入西安铁一中滨河学校的学生大部分可能有以下几种情况:第一是智力不错,习惯不好,所以上不了更高层次的学校;第二是比较勤奋,但学得慢一点。这样的学生构成致使存在这种现象就是一种必然了。就上面的现象笔者谈一下个人的一点看法,和大家共同研究。

新的改革思想从总体上讲就是让每一个学生通过我们的教育使其成长为一个健康的学生,也就是说,把这样一个来自四面八方的、不同习惯的儿童改变成一个有志青年。改变十几年的习惯不是一件容易的事,是一项工程。要做好这一工程首先我们得有信心、有耐心、有智慧,如何去做是一种创造。

通过两周的课程明显感觉到不少老师在课堂上的指令下达后学生不知如何执行,请各位老师以后上课不论下达什么指令一定要说:科代表和组长你们第一步做什么,第二步做什么,慢慢训练。这种方法已在几位老师的课堂上得到应用,效果明显。

学生组成参差不齐的班级,教学中在任何时候都是老师必须面对的问题。如果老师充分调动小组成员的角色认同,强化学生帮学生、学生带学生的意识,通过一定的时间,这种意识就慢慢形成了,问题就会得到解决。这一点有位外语老师不仅做到了,而且效果比较明显。

从老师的心态上看,出现教学不适应的问题表现在以下几个方面。第一,我们有些老师急于求成,布置任务手太狠,手太重。在早期面对还不明白什么是初中学习方式的学生,这样做是不行的。在较长时间内都要把任务量降下来,把完成任务的质量提起来,一定要强化学生在单位时间内能完成任务的习惯。错不要紧,不准确不要紧,改作业也是学习的过程,不要让学生产生太大的压力,建立错是为了最终不错的思想,鼓励再鼓励。所有数学老师不在时各班学生自我组织井井有条,让人动容,这就是成功。

第二,一定要给学生这样的思想:追求理想,告诉学生我们是在做一个不普通的事,我们不怕现在慢,当我们习惯的时候,就是真正成为优秀中学生的时候。任何一节课都要进行理想教育,没有理想的队伍也是没有朝气的。

第三,学生干部的培养在每天每节课和每个活动的细节都要有意识地加强,没有一支过硬的学生干部队伍,这支部队是打不了硬仗的,所以在今后较长的时间内我们每一个老师都要加强各自学生干部队伍的培养,这是改革的灵魂。

总之,两周内的成果还是让人满意的,但问题也是每天都要去解决的,各位老师都要有做好长期艰苦奋斗的准备,伟大的事业就可能成功!

(2) 在实践过程中关于改革理念的对话(节选)。

朱耀筠:您好!我是朱耀筠。一点思考,几点做法,请您指正。由年级主任徐博老师抛出的关于课改的讨论,引来了众家之说,也引发了我一点思考。

我同意思考之后的讨论。初二的学生,应该从初一敢说,过渡为说得有质量,从表面的热闹转为深层次的思考。没有深度的思考,不经过大脑的抢答,不能达到我们的预期。

"小组合作"不等于"小组讨论",合作的涵盖内容应该更广泛一些,讨论只是合作的外显形式之一。如何能不拘泥于形式,以更好的方式体现更深层次的合作?

学生动没动起来,不应只以课堂热闹不热闹作为评价依据。大脑深处的积极思考,才是初二学生应该开始的思维训练。而思考很多时候需要一个安静的环境。而讨论,也不一定就是学生和学生的讨论,也可以是师生讨论。

程式应该是一个宽松的框架,如果过于严苛细致,就会少了活力和创造。教育具有艺术的独创性和不可复制性,如果将其约定为可执行的程序,也就成了大工业生产流水线上的产品,我们需要这样的未来公民吗?

这是开学初,在年级群里和大家谈论时,我发表的一些看法。基于这些,在班上,我尝试着做了一些更细化的、可操作的要求,请您给予指导。

课堂讨论:出示问题,独立思考,根据问题,限定时间,思考同时,在书上圈画批注,或在草稿本上记录要点;小组交流,互相补充,指定一人执笔记录;小组发言人代表发言,必须依据讨论所记录的要点进行陈述。组内其他人补充或纠正;班上其他小组补充或纠正;未尽之处,老师提示引导或补充;各人根据讨论结果修正自己的答案,记录在笔记本或书上。

课前准备:组员编号1~5(或6)。

课前检测:每次五组,按序轮流,每组成员也依序轮流,预备铃响就准备好粉笔,站在后黑板前等待,其他人准备好默写本和笔。这样的程序,节省了时间,更高效。听写或默写后,小组成员顺时针交换默写本并圈错,科代表负责给本组在后黑板上默写圈错。听写、默写的改错,是每天晚自习检查作业的内容之一。

课堂发言:小组成员依序担任发言人,代表小组在课堂上陈述讨论结果。这样避免了有人说不够,有人没机会说,也使没有发言意识的学生得到锻炼。同时因为已有小组讨论的结果记录作为依据,即使学困生也不会有无话可说的尴尬,避免打击其积极性。而补充发言的机会,也使有能力的学生有说的机会,同时使讨论更深入。

肖邦国:您的思考很对,最好不要出现问答式课堂,凡要学生展示的都必有思考和交流。至少组内达成共识,学生回答的问题一定是经过组内认同的结果。形式只是过程的保证,教无定法才是教育的永恒,每一个学生都在相对的时间内得到最大程度的提高才是我们永远追求的目标。

在小组交流后回答问题上,可以尝试采用"二级回答",一级回答为每一门课程第一次小组达成共识后轮流呈现,这是每一个小组成员的基本任务,当某位学生的表达使本组其他学生不满意时,可及时补充回答,只要本组学生不论是一级还是二级回答,只要切中要点,都要给予充分肯定,以调动小组的学习积极性。

朱老师的思考很有价值,请大家借鉴。这一对话过程,让我重新评估了课堂小组交流、呈现的要求,形成了小组"二级回答"的呈现模式,解决了课堂学生回答的问题,保证了不同层面学生的成长。

(3)与两名学生对话引起的思考(节选)。

对话一:与一个小学六年级学生的对话(管理)。

假期招生时,一个小学六年级学生,在咨询我校时问到的几个问题,让我很吃惊。

第一个问题:你们学校的老师是不是就只喜欢学习好的同学?

第二个问题:我们被谄媚的学生抢功后,老师只相信谄媚的学生,而不相信我们,我们也就不相信老师了,你们是怎么解决的?

第三个问题:我们在下面都是一帮一派的,不能很好地交流,老师也不管,你们学校会这样吗?

当我问她为什么不和班主任老师交流时,该学生说:她不信任我们,我们也不信任她。她只做表面上的事,从不和我们谈心,我们只是认为她是老师才听她的。我又问了一句:是中途接班的老师吗?学生说:带了6年。

听完后我沉默了很久,无话可说,只能引入西安铁一中滨河学校的优点。

反思了之后有以下几点感想:

没有情感的教育,老师存在的价值很少,可能只是一个门卫的角色;

没有建立在真正爱学生的情感基础的教育,再严厉效果可能也很差;

老师可能很不称职,学生家长为了学生的前途只有自己去校外补课,这样学生可能成绩不会差。成绩作为对外衡量一个老师的水平时,我们应自我反思,对老师绝对不能只通过成绩好就盲目地认为该老师教学水平高。

教育一定要回到育人,坚持以充满"爱"的心态,用"激励规范"的基本方法去管理班级和课堂,作为老师会有所收获的。因此,我校学生成绩、班级成绩分段呈现的改革方向从育人角度看一定是正确的。

对话二:与高二学生关于外语的对话(学科兴趣高二(1)班)。

早上第一节课在高二(1)班教室外有一学生没有在教室上课,而是站在门外做化学作业,教室内上外语课,我就问学生:"什么原因被罚?"学生说:"没有完成外语作业。"我说:"到教室后面去听课。"学生说:"老师,不了!"

老师们!这样做表面上是负责,实际上是对学生的伤害。所欠学习的账,要补是没错的,但作为科任老师,应了解原因,从本质上去解决问题,不能提高学生对你所任的学科形成认同,是不可能产生学习的主动性的。

反思:育人一定不能是形式上的负责,形式上的负责是不可能育人的;问题出来了不要急于处理,应从现象的背后去找原因,再制订方案;培养老师的"德"是教育改革的长期任务。

围绕两个对话展开的一场讨论。

赵娟妮:肖助理,谢谢您对我教育思想的又一次冲击和洗礼。我的教育关键词是:感动与赞叹——留一份感动给成长,获一份赞叹给时间。您是集感动和赞叹于教育,所以您才能让西安铁一中滨河学校有今天的气场和底气,我比较信奉您的教育理念,其实也一直在用爱感化学生,有时候也会跟学生一起掉眼泪,有时候也会非常严厉地批评学生,所有的一切源于我特别敏感,因此我能想象到我的学生缺什么,不足之处在于我自己专业水平急需提高,我也找到了努力的方向,谢谢您让我再一次坚定了我的方向。

肖邦国:共同努力,你会成功的。

赵娟妮:谢谢您的点拨,那您先忙,您注意身体!对教育精辟而朴素的概括,爱是教育的前提,没有爱就没有教育。

周俊:对教育精辟而朴素地概括,爱是教育的前提,没有爱就没有教育。

陈雁:有激情,有爱,上课的效果真的就不一样了。

刘阳:大赞!定会按照肖助理的话执行班级的管理。爱的教育是长远地、潜移默化地对我们学生正能量的影响,是功在当代,利在千秋的教育。

习亚锋:以充满"爱"的心态,用"激励、规范"的基本方法去管理班级和课堂,一定会有所收获的。

赵婉娜:办公室的老师在昨天下午和今天早上一直在跟几个学生谈心,才辛苦地谈完,感慨道:"我们以前的老师几年都不太理我们,要是像咱们这样关注学生心理,我早就是学霸中的学霸了。"是不是太契合了?

柳林:学生的"团团伙伙"影响很大,"团伙"之间的争斗,"团伙"内部的袒护,以及和老师意见不一致时的"对抗"。这是班级内部的小小的"政治"问题。爱是前提,公正是底线,理解和交流是途径。学生自然会团结在老师周围,理解并配合老师。

杨喜盈:感性是给予学生"好心",理性是不能给予学生"好脸"。如何先拿捏好学生的秉性再展开教育,是做班主任应该学习的。

杨春芳:大家说得非常好,做得也非常好!最近有很多小升初学生和家长,就是听了我们学校学生和家长的感悟,才对老师认可、夸赞,坚定报考西安铁一中滨河学校。

赵飞远:肖川的教育随笔三部曲《教育的理想与信念》《教育的智慧与真情》《教育的情趣与艺术》中讲到:教育首先要关注的是人,其次才是知识、方法层面;不从人的角度去进行的任何教育都不可能取得真正的成功;老师结合管理和教育,要晓之以理,动之以情,要学生做的事,老师要躬亲共做;必须关注学生的心理,观念决定行为,能力比知识重要,成长比成绩重要;成长是需要付出艰辛的,挫折教育让学生受益一生,经过历练,风景这边独好。

杨波:听着爱的教育和如何做教育的这些事情,我也"醉"了,想想现在天天谈成绩、周周都考试,没有深入学生的内心,突然觉得讲台上的自己竟有些低俗和丑陋。痛苦中……

从上面的一场日常讨论中,不难发现教育研究就是一个发现问题、讨论问题、提升认知、指导实践的过程,只有通过这样的研究过程才有可能提升实践能力。

(4) 致西安铁一中滨河学校班主任的一封信。

西安铁一中滨河学校各位班主任:

在学生成长过程中,老师是继家长之后对学生一生发展方向影响最大的人了,在没有明确价值观的家庭中,我们老师可能升格为影响学生价值观的第一人。如果学生成长是通过一盏盏明灯照亮他们前行的道路,老师无疑是盏长明的灯,而班主任可能是长明灯中最明亮的那盏,这盏灯不仅能照亮他们的未来,还可能让他们自己燃烧起来,成为照亮人类发展的太阳。

国家已把"立德树人"作为教育的根本任务,这与我校王加奇校长的"三视"理念是一致的。我们作为一线育人的执行者,我们很清楚:如果没有分数我们过不了今天,如果只有分数我们也过不了明天;如果不解决学生的价值取向问题,是很难提高学生学习的积极性的。但在我们的班级管理中还有一些现象:遇到一些本该是成长中不可避免的错误时没有给予有温度的教育,有时根据自己的喜欢程度把某些学生的管理底线丢失了。

班主任们,你们的每一个眼神或每一句话都有可能点燃一个学生或毁灭一个学生,他们的后面都有一个家庭或一个家族,如果细想一下,我们就清楚了我们应该多做些什么,这也就理解了几千年来遵从的"一日为师,终身为父"的道理了。

对西安铁一中滨河学校来说,短短几年,发展迅猛,可能我们每天都还沉浸在发展的骄傲当中,但可能毁灭她的行为也在悄然增长,如果我们还意识不到,这座大厦倒塌也就为期不远了。

作为学校大厦梁柱的班主任,只要你们不被虫蛀、经常能巧妙地吸收自然中的力量让自己不偏不倚,这座大厦就是十级地震也不会倒塌。

我们要不停地学习育人理论、育人制度、与有经验的班主任多交流、遇事先缓、拿定方案后再处理等。理论和制度都是经过大量实践后总结出来的具有通式指导作用的理论依据,切不可任性否定,但在操作中一定不要生搬硬套。在日常管理中一定要坚持育人的七字原则,即"爱,激励,规范,理想","爱"是前提;"激励"就是从不同角度找到学生的价值,让学生获得存在感,学生有存在感后才能融入团队,这时团队的影响才可能起作用;"规范"即要求学生做任何事都要有最基本的底线,这一点是不能让步的,触犯底线后是要接受惩罚的,但同一件事惩罚可一步步升级的,不同的事一般不要叠加,进而认定一个学生不好;"理想"是从学生实际出发,引导学生树立一个与社会不矛盾的人生目标,有目标的人才有前行的动力,这也是育人的落脚点。要想把"规范"做好,只有在"爱"和"激励"的基础上才可能产生真正的效果。

从"教育"的"育"字来看,我们的祖先早就给老师的行为做了界定,上面可看成"云",下面可看成"月",就是说我们应是云中的月亮,该出现时就出现,一出现不要光芒万丈,而要银光细洒,既可以是月下读书的强光,也可以是只能照见道路的弱光。

从方法上可借鉴"孝、悌、忠、信、礼、义、廉、耻"八个方面,这不需要创新,因为其支撑了五千多年文明,是经过时间检验过的,我们只需要给予时代因素就可以了。不要轻易给一个学生下肯定的结论,当老师想好了要把他引向何方时,再下结论不迟。

所以,育人有法可依,绝不定法,让我们西安铁一中滨河学校的班主任都成为这样的班主任,那将是我民族之幸!

教育理念的根植是一个在实践中获得的过程,不只一两次的报告,也不是一两次的座谈,一定是实践变化,只有经历了这种实践变化,才能实现改革的真正认同。

2. 团队型五人小组的形成经历

团队型五人小组的形成经历了五人小组、紧密型五人小组、团队型五人小组几个阶段,期间都是因为不同的问题而引发的研究,在研究中发现合作精神培养的捷径是团队型五人小组。小组建设过程实际上是立德的过程,一个成熟的团队型五人小组,学生的道德底线就已筑牢。以下选择几个比较典型的对话片段,再现这一研究过程的经历。

(1) 关于微调小组结构和奖励问题的讨论。

徐博: 肖主任,给您反馈目前班主任在调整小组中反映出的几个问题。

有些班主任说学校在本年级每学期奖励前三十名学生,成绩是以小组方式换算的。家长会说,这个班实际成绩前三名在奖励范围,因为小组换算而不能进入奖励名单。家长就给班主任施加压力,就导致有班主任让自己班的前三名在一个小组,来保证前三名学生进入可能会获得的奖励名单中。

现在一些班开始存在小组排挤学习较差的学生的现象,听班主任说,对学习较差的学生进行调整,各组都不要,或者集体排挤、孤立学习较差的学生,被孤立的学习较差的学生的自尊心受到了极大的伤害。

各班有家长打电话问学生成绩、排名,班主任说法不一。还有一些小问题我已经给过建议了,请肖主任考虑一下,三节课后开班主任会。

肖邦国: 关于微调小组结构和奖励问题的讨论。

月考完了,小组微调,所谓的微调就是把不合理的小组或更有利于班级发展的小组在原有的基础上进行优化的一种做法,而不是一定要参照某种模式。

一个好的小组模式应该是:语文、数学、外语各有一个学习比较过硬的学生,还有一个管理能力比较强的学生,另一个可以是能力相对不足的学生。

在各班小组进行调整时出现了以下几种现象:小组中学习较好的学生传纸条孤立学习较差的学生(4班的一个组),另一个组在每周轮换位置时全组要求把最好的座位留给那个学习最差的学生(4班的另一个组)。5班一个组组内不团结但却是学习最好的一个组。3班的一个组长因能力问题班主任想换人时,学生共同要求不要调换,要用他们共同的力量去帮助他。9班有一个学习较差的学生,在调整时没有小组要,班主任就去找班长解决,而班长很高兴地接受了那个学生。

从以上我们不难看出小组的作用之重,小组联动对学生成长的影响,如此大的影响发生了,不正说明了小组学习和评价方式对学生的触动吗?

我认为这些现象的出现,说明我们改革对育人产生了明显的影响,是我们渴望的现象。如何把这一现象变成我们改革前行研究的动力,是我们每一个老师应去思考的问题。不同的认识就会产生不同的思维,不同的思维就会出现不同的解决方法。

我们可能对这种现象有不同的看法。举例来说,有的人会看成发展现象,有的人却看成困难现象,有的人也可能看成教育成长的火花,有的人可能认为是教育中的麻烦事等。不论如何去看,面对问题都要解决,用什么方法解决?

作为老师首先应站在我们是要让每一个学生都得到最大的发展这一立场去思考、解决问题的方法,把教育性放在首位,少一点急功近利的思想,可能会找到最适合自己班的方法去破解小组设置的难题。再比如说,那个心不齐的小组还能拿到均分最高,说明了他们的竞争起了作用,我们能不能利用这种竞争对其进行正确引导,使其变成合作竞争,那么这个小组的每个成员的战斗力就会倍增,学生能不高兴吗?

当然为了眼前的一点面子或者观念的坚守,想把班组最好的和最差的分成两个小组,一来有了可能的尖子生,二来解决了学习较差的学生没人要的问题,班主任可能减少了工作量,当然还有看似没有吃亏的成绩。但我认为这绝不可取,首先,作为教育这样的做法是不正确、也是不负责任的;其次,这样做的尖子生能健康成长吗?不健康的心态能成为真正的尖子生吗?这样做不一定比把尖子生放在一个普通的组成长得更好;再次,你确定在你的班上人为地设置一个差生组,这样的班能好吗?只有人人都想进步的班才是真正的好班。

所以,一个健康的班,是由一个个团结而又以最大程度进行了优化的小组构成的,小组的力量也是无穷的,从一个月的实践情况就看到了结果,希望我们的班主任,用智慧、教育本善让每一个学生都得到更大的发展。杜绝急功近利的思维方式,本着为全体学生负责,本着对每一个学生的终生负责,哪怕短时放弃我们的一点利益或承担一定压力,来换取学生的整体发展,才是教育的回归。从这一现象看团队型五人小组应是一紧密型的学习和生活单位。以上问题请老师们思考。

(2)小组建设管理。

肖邦国: 请各班把近期小组建设的状态汇报一下。

陈莹: 为努力培养学生自主管理意识和能力,培养学生干部,让他们充分调动小组组长的积极性。当他们发现问题时,作为班主任我说的最多的是自己想办法解决,我相信你们。学生也由疲沓茫然转为自觉自立。现在学生干部已能依靠小组组长自主管理自习,自觉组织开班会,提出解决问题的办法,承担早操管理;卫生委员更是尽心尽力,组织打扫有条不紊,班级日常检查卫生能做到干净整洁,在卫生保持方面进行监督,提出方案,教室环境的清洁受到认可和赞扬。

各小组组长能够想方设法带动学生共同进步,尤其是对学困生的帮助和监督,不遗余力,如课堂听讲、日常作业的监督使学生发生较为明显的进步。

各小组科代表的职责意识明显增强,组织小组同学课堂听讲、晚自习讨论、批改作业、订错,尤其可贵的是给同学作业本写下激励性或劝告性话语,真诚感人,绝大多数科代表工作能力令老师满意。

课堂学生的动手能力明显增强,课堂形成一种合力,学生以小组为单位,合作讨论、踊跃发言,学习能力逐步提升。

袁西洪:根据班级实际情况,我班每周评选 5 组优秀小组:

- 合作讨论最成功小组;
- 学习态度最认真小组;
- 遵守纪律最突出小组;
- 讲究卫生最干净小组;
- 诚实守信最到位小组。

利用每周班会课,由组长陈述申请理由,然后让全班进行投票,这项活动开展后,增强了小组的凝聚力,调动了组长的积极性。

例如,我班第六组组长性格内向,一度管不住本组,组员闹着换组长,后来在组长的努力下,获得诚实守信最到位小组称号,每位组员得到加分,该组长得到了组员的拥护,我认为这就是班级开展优秀小组评选的结果。

陈世盛:小组合作学习作为富有创意的教学理论与策略,今年在西安铁一中滨河学校得到广泛的应用,从开学至今已两个多月,通过近几次考试的数据分析,合作学习已体现出强大的生命力。

合作学习,我们必须科学地建构合作小组,这也是合作学习能否取得成功的前提。合作小组的人员搭配一定要遵循"组内异质、组间同质"的原则,老师应按照学生的知识基础、学习能力、兴趣爱好、性格特征、性别等差异进行分组,让不同特质,不同层次的学生优化组合,使每个小组都有高、中、低三个层次的学生,并在语文、数学、外语三科中设立带头人。由于每个小组成员都是异质的,所以就连带产生了全班各小组间的同质性,这就充分体现了"组内异质、组间同质"原则。组内异质为小组成员间的互相帮助、互相促进提供了可能,而组间同质又为全班各小组创设了公平竞争的宽松环境。

通过调整效果明显。第一次月考呈现优生不优,学习较差的学生人数居多,在语文、数学、外语三科中均出现了超低分。班级小组中两极分化严重,小组平均分最高和最低相差 30 多分。而近两次考试中年级排后的人数大大减少,小组平均分极差在 10 分以内。

靳迎春: 开学第一二周,7 班有多人违纪,在宿舍打架。小组合作学习后,学生的自我管理能力得到了提高,违纪现象逐渐消失。特别是某位学生,开学第一个月因在宿舍打架被警告处分,停课一周。复课后,小组其他成员不但从多方面鼓励她勇于正视自己的问题,还帮助她补习落下的课程。现在该学生虽然学习还存在较大的问题,但是无论从纪律还是学习习惯上都有了很大的变化。

班级管理由班主任一人管理,变为人人管理,人人负责。班里每天都有值日组长就当天的课堂、卫生和晚自习纪律做总结,表扬先进、指正问题。大到每周的优秀小组评比,小到每周轮换座位,学生力所能及的事都在班长和组长的带领下有条不紊地进行着。

组长和科代表职责明确,认真负责。各个组长都能起到带头作用,发现小组的问题,及时召集组员解决问题。各科科代表批改作业都有亮点,通过鼓励性的评语激励本组成员加强这一科的学习。

潘蕊: 在改革的过程中最大的惊喜就是学生的自我约束能力的提升,在以前老师要是不进班维持纪律学生就会聊天,而现在组员互管,在早读老师开会的情况下,学生会自觉地组织读书或者是默写,学生的管理能力一直在不断提升,外语老师生病不能发出声音的时候,某位学生当上了外语"小老师",为同学们上课,上课的模式完全效仿外语老师。在发言的过程中也会效仿外语老师平时鼓励大家的语气去鼓励同学举手发言。在一次班会课上一个学生得了急性肠胃炎,我临时送学生去医院,班会课无人看管,班长临危受命,主持班会课。当我回来时我以为班里会一团糟,结果学生都在安安静静地听班长总结,并且还有些学生站起来说自己的不足之处或者自己下个星期的纪律目标,这让我十分感动,突然发现学生都长大了,完全可以做到自我约束,管理能力较强的学生甚至可以帮助老师完成一些简单的工作。

喻静: 组内领导者越发具备领导势头,无论从思想意识方面还是具体到下发指令方面。慢慢形成"我想管—我必管—我能管—我爱管"的管理模式。

组组间均分,生生间裸分,尤其是中间段的学生慢慢形成竞争攀比的意识,取长补短,在课堂、晚自习中潜移默化。

对于弱势学生,当前模式使这些学生时时刻刻有人监管并且监督提醒其改正不好习惯,还有的已经进行了跟踪辅导,专人辅导,周末打电话求助其家长给予辅导,在学生和家长间"3 帮 1""4 帮 1"的风气已经逐步形成一种势头,家长群里已经开始有家长寻问索要学生所在小组组长的联系方式。

在沟通、讨论的同时,势必加深了学生间彼此的联系,增进了了解,加深了友谊,锻炼了人和人之间的沟通能力,得到了家长的认可。

肖邦国:根据各班小组建设情况的反馈,可以得出这样的结论,即以小组为单位教育教学更有利于学生的能力形成,但也应认识到小组干部培养的迫切性和重要性。

核心班干部(组长)价值应有以下几个方面:
- 老师意图的贯穿者;
- 小组成员的组织者;
- 组内各项活动的实施者;
- 各项任务的示范者;
- 任务落实的检查者。

如果一个班组把组长这个干部培养起来,班级的进步一定指日可待。

培养学生干部时老师也应有以下意识:
- 每一项任务下达后提醒干部组织,组长协助(强化角色意识);
- 有意识地用一节课引导干部去怎么做;
- 利用各种反思指导干部怎么做;
- 对各种反馈结果指导干部如何管理,建议模式为提醒—指导—再提醒—再指导;
- 课堂合作的组织形式,以科代表为核心的聚合式、以草稿本为黑板逐个展示交流的方式。

老师小组意识的核心:
- 小组是我们改革的核心,没有小组就没有西安铁一中滨河学校的改革;
- 小组间是有层次的、小组内也是有层次的;
- 我的思维也要以小组为基本单位。

在课堂上常常见到小组在展示中有一些误区,请各位老师在操作中一定要抓住小组展示的目的。其不仅是形成合作精神、养成成员的小组归属的过程,更是成员相互碰撞激发潜能的过程,不能停留在形式上。

误区一：在下面讨论完毕后，小组集体到讲台上，小组代表展示，其他成员陪同，结束后小组成员都下来。

误区二：小组代表展示后，其他学生进行二级回答，形成一人展示，其他成员作陪的状态。

应该的状态是：探究性问题呈现后，老师引导学生完成相关的支撑后，小组集体在讲台上积极合作研讨，形成结果或结论，由小组内指定的学生进行一级回答，如有欠缺，其他成员进行二级回答补充，整个过程中科代表一定是组织协调者，不一定是第一操作者。之后，一定要有下面小组的补充提示。老师抓住学生在课堂上呈现的精彩部分，对其进行及时补充，形成完美的结果后，呈现给学生。

(3) 班级小组文化建设。

初一年级和高一年级全体老师：

在西安铁一中滨河学校，班级的教育单元是小组，班级建设的核心也自然是由班级小组建设的，没有成熟小组的班级的发展不可能健康，小组建设核心是小组文化建设，没有系统和完善的小组文化建设就不可能有持续健康发展的小组，更谈不上小组建设依存型阶段的出现。初一年级和高一年级的小组建设是两个学段的关键期，特别是初一第一学期，小组建设是形成合作能力的最近发展期，抓住了这半年，也可能就抓住了这个学段。

以紧密型小组为单位的改革方式，实际上是把班级教学和管理进一步细化的过程，这种细化的过程，养成了学生自我管理能力，最终实现以学生为教育主体的教育教学的转变。

班级小组文化建设可能包括以下几个方面，一是小组成员构成及其各自角色，二是小组协同制度或公约，三是小组日常工作安排及监督机制，四是小组目标，五是小组荣誉台，六是小组反思台。但本学期已过了近3/5，很多班级还没有进行相关的小组文化建设。只有形成相关的文化氛围才可能有相对应的小组归属意识和小组凝聚力，进而形成小组的道德底线。学校的任何一种管理，都不能是只停留在口头上的冰冷制度，冰冷制度可能在一定的范围内有用，但很难形成个人的处事观。请各位班主任就这个问题多一点研究、多一点思考，切莫错过这一最近合作期。如果我们班级小组文化建设能长期浸润学生的灵魂，合作习惯就能早日形成，老师也可能早一点被解放出来，学生的教育主动性才可能真正地被激发出来。

刘志艳：从初一年级部分老师和他们反思所看的、所听的，以及与家长的交流中感知：初一年级的小组建设中，老师过于偏重"一损俱损"的共同惩罚，而不太注重小组成员之间的包容、等待、彼此帮扶的引导。我觉得这点在小组建设中很重要，看有什么办法能多提醒老师。

肖邦国：你做一个准备，抽点时间交流。

刘志艳："小组成员之间的包容、等待、彼此帮扶的引导"才是真正的小组建设，如果建设只是将班干部学着老师的模样教训学生简单地转变成组长教训成员，或者成员之间的互相抱怨，他们的合作能力和归宿幸福感是没有的。初一、初二年级是否可以纳入抽检？发一张纸，给出一段古典文化内容，十五分钟抄写，进行打分，可能全校都会重视书写了。

这样的活动一月进行一次，或许能成为我们的特色文化。或者纳入抽检系统？没想好，但是我觉得这方面我们可以多做点，长期做，西安铁一中滨河学校的学生会终身受益。

肖邦国：这应是小组建设的操作方式，不仅有包容、等待；而且还要引导小组怎么去面对差异，怎么让学生认识自己的差距；再制定解决缩小差距的方式，小组内再通过一定的机制去帮助落实。不可全面，而是把部分答案用米字格给出，给书写一定的分值，这样做具有长期性。

刘志艳：是，我表达得比较片面。我主要想说小组建设除了成绩较差的学生在成绩上的差距，还有很大一部分小组合作是纠正学生性格上的差距，急躁、不平和等。

肖邦国：对，差距是正常的，但缩小差距是学生必需的，只要能做到让有差距的学生在缩小差距中找到成功感这才是最重要的，这也许是小组归属感中一种具体表现方式。归根到底是老师对学生的塑造应该有全方位的意识，小组建设不能只用单一的分数去找差距、去评价。其实对一些强势学生的性格培养更能激发小组合作的能量。

所谓差距实际上是全方位的，包括言行、处事方式、学习品质及各种习惯等，这是需要班主任利用专门的时间去引导学生自我认识的反思过程，这一过程就是缩小学生主观认知中差距的过程，也是形成每一个学生在这个团队中自信心的过程。

小组建设不论是名称的演变，还是管理的细化，直到小组文化建设的提出，都是在不断研究中完成的，所以教育管理的研究也不是报告和设想就能完成的，一定是在实践中形成的，这样形成的理论和方法才是可以指导实践的。

(4) 激情早午读成熟的经历。

早午读的概念对每一个从教者都不陌生，改革之初想赋予早午读原有读书之外的调动情绪、情境阅读、单位时间落实任务的多重功能，但关于早午读承担功能的改变到形成可以实现预期功能的操作形式，也经历了很长的过程。下面摘取几个研究片段，为大家提供教育研究的相关借鉴。

在任务提出后，经过一段时间打磨，再检查早午读后的感受，即时分享给全体老师。

肖邦国：早上外语、语文早读总体上达到了激情早读，尤其是外语，希望外语组全体老师进一步完善，把这一现象培养成学生的一种习惯，成为西安铁一中滨河学校的一道风景线。也希望语文组尽快完善，共同成为西安铁一中滨河学校早午读的一道风景线，让学生在过程中享受教育之美。

马海舟：主任，早读是提倡站姿还是必须站姿？

肖邦国：如果只是读，你觉得哪个效果好？

马海舟：我是请小组合作不够积极、投入不够的小组站起来，全部站起来气场比较强。

肖邦国：那不就对了？

马海舟：但是效果不一定最好。

肖邦国：怎么讲？气场强怎么就效果不好了呢？这是一个调动的过程，要让学生去享受这种气场，当达到背的水平时，以组为单位边背边写。

马海舟：有的组的学生站着，捧着书，但没有尽情地放声读，好像在看热闹一样。

肖邦国：那需要你组织，要让他们真正投入阅读。

马海舟：我比较喜欢学生把脑袋凑一起，都能听到别人的声音。

肖邦国：这也是不错的形式，只要是一种真情的投入就好。

马海舟：嘿嘿，今天学生尽情地把一篇短文读了有10遍，我没有让他们停下来去记什么，直接听写了里面的两个重点句子。从效果上看，真正投入阅读的中等学生完全没有问题。

肖邦国：这就是效果，你在组会上推广下。

马海舟：就那些东张西望的学生，写不准确。

肖邦国：那是有一个过程的，不要急，你要好好教教年轻人。

马海舟：但是今天读的是单元最后一个课时的内容，有了前面学习的积淀，才能独立完成相关内容。

肖邦国：先带着激情读起来就有希望。

马海舟：我自己有时也很迷茫。昨天录了您要求的课，结果黑板上没有板书，也体现不出重点。

肖邦国：这种积淀是在过程中才能形成的，我看一下你的课再交流。

马海舟：不知道这样的课堂实录会给不了解课改的人什么样的感觉？

肖邦国：这点你先不急，走在前面的人是要有勇气的，大胆地走。

马海舟：呵呵，谢谢主任！

肖邦国：不客气，你已付出很多，但改革之路还很难，希望我们共同努力，改善当前的教育现状。

马海舟：希望下学期您不要太忙了，顾不上我们。

肖邦国：不会的，我会坚持下去，我会和你们一起把改革进行下去。

陈莹：主任，关于早读，需要大家探讨出一种模式吗？

肖邦国：最好先展示，你做得都不错。

陈莹：总觉得语文和外语不大一样，我们最近也在尝试。例如，小组科代表起立，组织小组成员或站或坐；小组相互竞争、接龙背书、背翻译；小组内合作读书提问。可是都读不出齐读的气势，齐读吧，也有些单一；还有默写、听写的落实要在早读进行，会影响激情早读的效果吗？呵呵！还恳请主任随时为我们指点迷津。

肖邦国：你没事时来找我。所谓的"激情读书"就是指让学生感受语文之美，用心去感受、用声去体验、用不同的角色去感染他人的读书过程。此过程不一定追求千篇一律的气势，最好是以小组为单位展开。激情读书之后一定要有所感受，如果及时把感受记录下来，这就是语文能力的形成过程。

陈莹：今天午读，我让小组自由读，没人站起来读书。然后，我让两个小组站着读来演示，再让一个小组坐着读来演示，到第四个小组，当我让他们选择读书方式时，他们齐声说要站着读，因为站着读有气势、能读出激情。我顺势说，以后小组自由读书时,你们要选择好方式啊!今天午读很亢奋,读得好,说感悟说得也很好。分享一下!

肖邦国:挺好,继续尝试,感觉好了,先录一节课。

陈莹:午读感悟,与其命令学生做什么,不如创设情境让他们自己体会,做出好的选择。这也是点燃学生激情的方式和过程。

肖邦国:这才对了,这才是教育的本质。按这一方向去研究,方式就可能无限灵活了。

今天早晨 8:00 前,我们的教学楼就传出了琅琅读书声,其中 1、2、3、5、6、7、8 班都自主地以不同的形式采用了站姿读书,有激情地投入、有组织地进行,这样的读书能没有效果吗?所以,改革是一个持续的激情调动过程,这里不仅需要调动学生的持续性激情,而且需要老师以更大的持续性激情进行投入。

不应把纪律仅仅看成教育手段。纪律是教育过程的结果,首先是学生集体表现在一切生活领域——生产、日常生活、学校、文化等领域中努力的结果。

——马卡连柯

经历了近两个月的过程,学生的意识得到加强,老师的操作也有了基本的规范,在巡视后,把现象总结出来,再次分享给大家。

(5)再论早午读。

① 早午读的可喜现象。

现象一:今天早读时,当老师给出指令要求初二(1)班同学们理解要读的单词时,第一时间每个小组的科代表就马上组织起来,让每个人都去发表意见,这就是成果,也是科代表成熟的一种现象。

现象二:10 班早读单词时,老师让学生把寒假作业对应部分找出来,进行巩固,这是一种非常好的方法,体现了一种教学过程的整体性,也提高了寒假作业的价值。

② 早上在高中部听了几节课发现如下的现象。

现象一:课前组织不到位。

表现:草稿本没有发,发了不拿、拿了不用。开始上课了还没有人组织课堂纪律等。

解决办法:请各位班主任和任课老师培养和提醒科代表,让学生在过程中形成习惯。班主任也可以拿出相关的安排来强化这个过程。

现象二:问答式课堂和讲功太盛。

一问一答的现象有所抬头,这是一种很不好的现象,如果一问一答,试想这样的问题还需要用时间去讲解吗?

出现学生没有思考就问问题的现象,也是不应该的。请老师把课堂设计的问题认真地思考到位,这样的现象可能就会少一点。

课堂到底讲什么?这是我们西安铁一中滨河学校老师每一天都应研究的问题,我认为一定要讲的是工具、新知识的介绍、科学的方法、操作流程等,其他的都应让学生有一个思维再引导完成。

总体上来说:我们的课堂一定要做到两个方面,基础问题一定要抓落实,能力问题一定抓思维,能力问题至少要做到类比的层次,给学生一点交流的时间。

推广的现象:基本能做到以小组为单位进行展示。只要老师给出指令,学生是可以讨论得出结果的,这是我们的成果,要加大。

肖邦国:关于早午读的核心认知。

- 引导学生用情去读,读的过程中产生一定情感激发。
- 老师创造氛围让学生投入一定的情感。
- 记录一瞬间的情感。

经过了近一年的努力,到了2013年4月,激情早午读出现了可喜变化,形成了许多可推广的组织落实方式,到这时这一课改项目基本完成了研究过程。

喜见校园激情读书:通过调整,不论是在昨天下午的午读,还是今天的早午读,校园内各个教室传来了激情读书声,这种现象在其他校园可能是久违了,但在西安铁一中滨河学校出现了。通过观察,站姿读书是最易让学生产生激情的。只有在充满激情的状态下去读去记,才可能产生最好的效果。也希望语文组在只需要读书,不用写的时候,要求学生以小组为单位有组织地用站姿读书。

现在把某老师的用站姿午读的录像分享给大家,请借鉴。

3. 探究性课堂形成规范的探索过程

探究性课堂是改革初期的研究核心,在当时也是第八次教育改革的核心词。在操作层面上,哪些需要探究?探究什么?如何操作?直到形成基本结构,经历了几年的过程。下面选择几个重要的研究交流片段,以供大家在教育研究中参考。

(1) 课堂探究:答不平静的思考。

徐博: 今天探究课的课题是"频率的稳定性"第二课时,利用体育比赛中的掷硬币选边,让学生讨论掷硬币的公平性。接着开始小组合作实验,每组做 20 次掷硬币的实验,并记录数据。全班共 11 个小组,实验结束后,一名学生统计汇总各组的数据,完成书中的表格,具体如表 9-4 所示。

表 9-4 掷硬币实验

实验总次数	20	40	60	80	100	120	140	160	180	200	220
正面朝上的次数											
正面朝上的频率											
正面朝下的次数											
正面朝下的频率											

统计汇总各组的数据后,需要学生进行频率计算。老师发现,在任务指令下达之后,学生都进入了很专注的计算状态,但是其中一组的组长对组员说着什么,我走过去,发现该组组长对本组的组员进行了计算分工,每人计算其中的两组数据,自己计算三组数据,平时的状态就是哪个组完成后就公布结果,我笑了但是没有说话,不出我所料,这一组最先算出结果并向同学们公布结果。等该组组长说完后,我就追问了一句:"你们为什么计算这么快?"该组组长就给同学们介绍了方法,一个简单的介绍引起了强烈的反响,其他组长都在责怪自己没有先思考更合理有效的操作程序,不科学的安排就是效率下降的直接罪魁祸首。笔者相信:这种经历对学生来说是多么宝贵的财富!如果是老师提前预设地让每个小组分工合作,那么这种分工合作的意识什么时候能真正有效建立起来呢?我一直不能确定。

在刚才的教学过程中,有一种情况也引起了笔者的注意,某同学是第二个计算完成的表格中 11 组数据的计算的,还有第三问"根据表格,绘制折线统计图",该同学却是第一个将数据和折线统计图都完成的同学。我一直在琢磨产生这种结果的原因,终于有所察觉:首先该同学的计算能力不错,该组在组员计算结束的时候,该同学的 11 组数据已经完成了 8 组,当他们在整理汇总结果的时候,该同学已经计算完毕,并投入绘图当中,当组长统一命令大家绘图的时候,该同学已经画完第一条折线,思考第二条折线的画法,他没有盲目地去找点，而是发现了两条折线关于一条直线对称的特点，很快地画出了第二条折线。

以上的课堂让笔者久久不能平静：小组合作的效率高于个体效率，但是个体的专注却胜于小组合作。这对我们的教学又有了什么样的启示呢？

肖邦国：由于周末，刚才见到这一精彩的过程，好一个"以上的课堂让我久久不能平静：小组合作的效率高于个体效率，但是个体的专注却胜于小组合作。这对我们的教学又有什么样的启示呢？"

这就是课堂的生成，这就是改革的成果，这就是我们培养目标"程序·个性"体现，这也是合作的结果。合作的目的是提升个人的能力，因为个人的能力提升又作用于团队的整体提升，团队的整体提升又反作用于个体前进，这样形成一个螺旋式的上升过程。团队的合作真正体现出效果的对象依然是学生个体。上述课堂现象正是一个团队力量作用于个体，而使个体成长的结果。而我们总体的目标是让每一个学生在一个集体中展示个性，这是个性的一种张扬，如果没有一个可以让学生张扬的平台，也许这个学生的这种个性就被扼杀了。我们的小组为这些学生点燃了成长的引线，这也就是教育的"万木成林，必有大树"的体现。

从辩证法来看，如果一定要让某一事达到自己的期望，往往很难如愿，但把各方面的基础做到位了，各方面都协调了，优秀可能就会从不同的角度上展示出来，这也是与我们老祖宗的中医理论是相通的。

杨捷：经过这几天的教学实践，我对新的教学模式有了一些自身的体会和感触。我感觉老师首先应该学会放手，在以往的教学过程中对学生总是不放心，害怕他们的自主探究和合作探究达不到我想要达到的要求。但这两天我感觉我是低看他们了，低看集体合作所产生的智慧，有时候学生生成的观点是我没料到的。

这种教学模式其实是给老师的备课提出了更高的要求。

教学设计必须兼顾基础知识的掌握和能力探究性问题，忽视基础知识就会直接影响教学的质量，必须注重基础知识的掌握和落实。但课堂容量是有限的，怎样才能使落实基础知识和课堂探究很好地结合，这个我感觉还需要进行不断摸索，找到一个适合的结合点。

对于探究性问题的设置，一开始我犯了一个错误，把探究性问题设置得太多,生怕有些问题被遗漏。但在教学实践中我发现,为了赶任务而去探究,这样很匆忙,学生没有很充分地探究,很多东西都是浮于表面的,学生无话可说,甚至应付了事,没有对问题进行深入思考,更谈不上生成新的问题了,也没有一个情感的升华。最近这几节课我把探究性问题进行了压缩,学会了取舍,对提炼探究性精品问题进行了设置,给学生留有充分的自我思考时间,在自我思考的基础上充分进行小组内的讨论探究,这样收到的效果很好。

肖邦国:问题反映得很真实,落实知识和形成能力是课程落实的两个方面,哪个方面都很重要。不论对本次改革认知停留在哪个层次的老师,拿到研发的资源后,一定思考落实什么,怎么落实,这一点如不清楚,就最好不要上课,不清楚就上课会出现课堂混乱的现象。近期做了一点课堂落实的创新,请大家借鉴。

杨捷:来西安铁一中滨河学校两年,最大的感受不是课改,是突然间觉得自己那点知识不能支撑起自己要走的路,工作十年了没有意识到读书的重要性,如今觉得过去的这些年最大的遗憾就是读书太少。

肖邦国:一个研究型的老师,一定要有强大获取知识的能力,育人也是一样。如果没有不断学习的能力,是很难分清知识和能力的,如果分不清知识和能力,我们的探究点就找不准,这样就会陷入杨老师说的课时有限的问题。

(2) 了不起的变化——谈一节初一数学课的感受。

肖邦国:今早第四节课在3班听了一节数学课。从整个课堂我们能看到改革的成果如下:只要给学生机会老师哪怕讲得不到位,学生都能充分地讨论起来,并且表现出有序、有效。学生在回答问题受阻时,本组其他学生能及时跟上,默契地进行补充。小组之间也能进行有效补充。小组自我总结能力比较强,特点是数学笔记的使用,让学生学有所思。每一个学生展示时表现出非常强的解题规范性,这就是程序的体现。

我同时也看到,有一个四人小组,由于小组合作能力较弱,显得学习进度有点慢,这点希望班主任及任课老师加强。

这一现象是全体初一人努力的效果显示,请全体初一老师借鉴。

马海舟:谢谢主任的提醒。反观自己的课,总是为了让学生有激情,就流于口头表达。上课说得欢,笔下留得少。这已经是个弊病了,我总是怕,手上一写,课堂就从热闹冷却下来,所以总是在碰上知识点的时候才做笔记,回想起来,对草稿本的使用还是太少了。再次感谢,我努力地改正。

肖邦国: 也不急,在体验中前进。可以先写后议,议完再写;也可先议后写,再议。我们所做的一切都是为了学生能呈现出来,写是最后的目标,每一个问题都应让学生集中五人的智慧,这样回答的问题可能更有深度。

再说草稿本的价值:自我生成的呈现场所,组内交流的演练场所,手脑并用的活动场所。这个看起来很不经意的学具,学生规范使用也是一件很容易掌握的事。做这些基本的事老师一定要有这样的意识:提醒—要求—提示,反复进行,才可能形成习惯。

马海舟: 嗯,是的,举手的学生总是固定的,慢慢地学生之间的差距就大了。所以我现在尽量在讨论完后让不举手的学生说。您说得对,我自己也能认识到,说和写是有距离的,能说的学生不一定能写。下课后我就在想自己的课件,我觉得没有考虑充分,落实部分也应该有所反馈。现在不止心太重,更是心太急……谢谢主任!这包括抽检反思,有一次我就在想,若是从前,就会觉得任务好多,时间好紧。几次抽检反思之后,我真的觉得,不反思就没效果。我们组昨天开会老师们也分享了他们的做法,从老师反思,到学生反思。每个环节都能够在出现错误之后有所提升。我是真的觉得,有时候慌忙之中,错误就过去了,觉得自己还不错,真静下心来才发现漏洞百出。在改革面前,自己就像个新生儿,一切从头开始,什么都新鲜,什么都有难度……我得好好学。谢谢您!还有,经常和同事在一起聊天,说您精力无限充沛,一个人挑那么多担子,保重身体啊!

肖邦国: 谢谢,有你们这群优秀的老师,我们一定能成功!下面再谈谈**课堂的理念上的问题:** 一定要理解西安铁一中滨河学校课堂的两个评价标准,即学生的思维是否真正打开;必修任务是否形成了规范的呈现。

打开学生的思维核心是学生能在课堂能力目标实现的方向上进行积极的思维,具体表现为学生按照预设的基本方向去思考、交流,并不停地产生疑问。这是一节课在预设时应尽可能想到的问题,在资源呈现上应尽可能去为学生挖掘资源。

形成规范的呈现是指,在预设的必修任务完成过程中,形成规范的思维呈现方法、知识呈现方法、运用知识操作方式呈现等。这包括在学生探究中发现的一些基本问题呈现或学生在思维打开的过程中生成性问题需要形成规范的呈现。

导学案和西安铁一中滨河学校教学资源要分清。导学案是指导学生课堂学习的知识流程,对学生的发散思维是一种捆绑。

西安铁一中滨河学校教学资源是在探究的前提下为学生提供多样性、有选择性的支撑资源,具有极大的开放性和选择性。因此,在备课时用探究举例,其目的是要求老师给出任务材料应允许学生有选择性。

不能很好地用减法去把握核心能力和核心知识。备课的灵魂是准确定位该节课核心知识和核心能力,做好这一点就是在做减法。做减法的具体表现是必修一课一能力。

不能准确地捕获课堂学生的生成并有序地呈现出来。在现在课堂上,学生的生成可能会远远超出老师的预计,但老师没有很好地就生成性问题进行捕获、引导并以最简洁的方式呈现出来。例如,一节语文课,老师给出的材料很丰富,但学生没有感觉,学生觉得自己的经验更有"情",在老师发现后仅提到了"情",遗憾的是没有进而引导形成选材中与"情"有关材料的来源途径和类型的规范呈现。

回答问题没有体现"二级回答",还是有太多的"问答式回答"。建议:小组交流后,一定要以小组的方式去回答,完成后,再看小组有没有相关的补充,最后组间交流,这样做有利于形成学生的整体性思维。

不少老师还是有太多的一问一答式课堂,看似这是交流的课堂形式。

尽可能在交流时让一个或两个小组交流和把问题呈现在黑板上同时进行,这样做的好处是为课堂节约了时间,也为下一步老师规范呈现提供了思辨的基础。

以上几点请大家充分理解,并充分实践。

(3) 再谈课堂的"透"是课堂能力和知识落实的根。

听了一节董老师初三历史复习课,在调动学生方面总体做得不错,但落实还有一些问题。一些复习的课堂,感觉我们的老师很辛苦,但总是浮在上面,学生不能全身心地投入状态,经过反思,可能有以下两个方面的原因。

原因一:在学生生成性问题上不能即时抓住学生的生成。学生的生成不仅是学生思维的闪光点,更是全班学生思维的提升点,在课堂上促进学生的能力形成可能就会成为一句空话。

原因二：在学生的思维出现了闪光点以后，老师不能抓住并对其提升，更不能及时引导、梳理，进而形成规范的呈现。

在我们预设的前提下，学生在完成相关问题的过程中，生成了与本课堂相关的问题，也是我们未来在能力或知识方面必须掌握的问题时，我们的老师不仅要抓得住，而且要引得准，还要说得清，更要落得实。这就是课堂中对一个问题的"透"。

例如，在历史复习课上，当涉及关于民族问题时，学生可能列举了一些相关的民族问题的事件，可能对本题来说就够了。但我们的课堂不能仅停留在这个点上，还要引导学生，对各朝代进行及时列举，高中时也可以把世界史相应部分列举出来，进而引导学生把为什么这样做和效果问题落实(定位到课本的准确位置，高中时可能是要记住的)，还要把学生的疑问解释清楚，更要用关键词的方式呈现出来，写到笔记上。这样做才叫"透"。课堂的"透"是课堂能力和知识落实的根。

马海舟：肖助理，请教一个比较原始的问题，课堂探究任务可不可以是各种阅读任务？探究任务是不是需要通过讨论、分析等途径才能得到答案的任务，不能是答案一目了然的任务？

肖邦国：可以是各种阅读，但阅读我们要有实现什么能力的形成，用什么方式呈现出来。总体来说是发现问题后，通过讨论、分析得出结论，或发现更多的问题。一目了然的任务可归为知识范畴，用识记去解决即可。

马海舟：谢谢肖助理。比如，上外语课要根据课文内容回答问题，课文读一遍答案就可得出，那么在老师的课程设置中把探究任务一说成"根据课文内容回答问题"是否合适？

肖邦国：可以，也可以在表述方法上进行优化。例如，用最简洁的语言回答，或用最规范的语言回答，小组内的能力建构不就形成了吗？

马海舟：要透彻理解一篇外语课文，就会要求读5遍左右，每一遍的目的都有不同，都会有相应的任务，那么是不是就出现了探究任务一、二、三……老师在课堂探究环节，是不是应该在表述上注意，这些任务不是分开的探究任务？

肖邦国：基础部分，如通读、识记、背诵内容是在课前自主探究部分，就是在预习课和早午读上完成的。进入课堂，一定在坚持一课一能力的基础上进行探究。如果这个能力问题有两个层次，可分成两个探究活动。在探究中，当同学们已经完成本层次的探究点时,便进入到下一层的探究。探究性问题要带有思考性,对学生有一定激发作用,再在老师的引导下规范落实到位。

马海舟:我认为阅读回答简单问题的任务,应该属于自主探究部分的任务。老师课堂上设置的任务有时候我觉得不值得或者不需要探究,但是也不确定自己对不对。

肖邦国:是!也可以放在课堂上,以更综合或更高层次的形式呈现。

马海舟:嗯,我懂了,谢谢肖助理。

陈莹:肖校长,感谢您昨天对我们工作的指导!我想解释一件事,您昨天说王柳的教学探究性问题设计不当,是初二备课组的指导不到位。事实上,初二语文备课组的说课很扎实,教研气氛很浓,但是,年轻老师上组内研讨课总想有创新,于是就形成了她的失败反思案例,我觉得这也是她成长的一个过程。

肖邦国:这一点你还是得把关,这是明显的问题,放在公开课上不大合适!我们需要尝试的是不明白的、有试验价值的问题!

陈莹:是的,给我们提个醒,哪怕是组内研讨课,尤其是年轻老师的课,我们必须要先把关,再上课,避免这些低级错误的出现,让研讨课上得更有研究价值。谢谢!

伊利丹:肖校长,您好!我早晨把学生的习作及我昨天的口头点评都存在电脑上了,我给您发了一份,您有空时看看。非常感谢您的指点!我忽然觉得自己有点开窍了,以前很多没有想明白的,现在不仅思路越来越开阔,方式越来越简单,而且感觉自己需要恶补的内容太多了。这个感想我也和我们组一起分享,这就算是平时反思之后,对您的指点所做出的回应吧,您甚至比我更清楚我的问题在哪里,并能够进行立竿见影的指点!我也从中获得了成长的乐趣!再次感谢您,以后还要多请教、多反思!

肖邦国:我们的教学一定向"大道至简"的方向努力!这个过程其实就是一"悟"字,每一次的"悟"都是从业的一个平台,这也是教育工作的"难"和"乐趣"。希望你能带领你的团队,更上一层楼!

通过以上三个研究方向的研究过程呈现,不难看出每一个教育问题的研究即使在整体构架下进行,想要达到成熟的操作方案,一般需要一个学期或一个学段的实践,才可能定型。西安铁一中滨河学校的课程结构化研究,从2017年开始到2021年才形成比较成熟的体系。以团队型五人小组为单位,以行为变化为测量方向,进行多元动态评价,从 2012 年开始到 2021 年才完成理论构架和测量系统的全面测试。

基础教育改革一定是务实的过程,是让每一个学生获得以发展为方向的过程,是不同程度学生都能全面发展的过程,更是让每一个学生能守住底线张扬个性的过程。任何一个老师、任何一所学校、任何一个研究单位、任何一个主管部门都不能拔苗助长。

总之,实践结果初步证明了以社会主义核心价值观为突破口的教育方向可以成为统领和深化基础教育结构化改革的方向,以德为先的综合素质提升的全面教育结构化改革是深化基础教育全面改革的关键。

西安铁一中滨河学校在全面进行教育改革的过程中,虽然取得了一系列的成果,但随着全面改革的深入,出现了一些相关需要提升的问题。这些问题主要为基础教育体系与理论体系的提升和系统化问题,资源体系的标准化问题,评价体系的标准化问题,基础教育礼乐文化落实问题,家庭、社会教育体系化结构建立问题,师资前期培养结构化变革问题等。

总之,西安铁一中滨河学校及西安铁一中陆港学校近十年来的探索,初步验证了正确价值观的建立在基础教育中的决定作用。这一改革体系可能解决基础教育的均衡发展问题。

第十章 立德树人:合作能力在教改实践中的形成

前文我们对未来人才的合作能力进行了详细的论述。现如今,越来越多的人接受了合作精神于人生的重要性,但大多数人错误地认为在一起就是合作。因此,在教学实施过程中组建小组随意,小组人数没有明确的界定。这样做的结果只是形式化的合作,不是真正的合作。通俗地说,尽管倡导合作型学习已进入了第十个年头,大多数学校和研究人员还不能把群体和团队分开。群体的传统定义是指一群彼此有互动且居住在共同区域的人,而今天常用来指具有共同价值或者因有共同地域关系而产生团体凝聚力的一群人,传统班级当中的小组和当今课堂中随机分组都应划为群体现象。团队是由基层和管理层人员组成的一个共同体,它合理利用每一个成员的知识和技能协同工作,解决问题,达到共同的目标。显然,要想解决以上各种社会问题,学校教育中的合作应选择团队而不是群体,只有长期的团队行为才有可能建立起学生个体合作的能力。

教育应直面社会责任,所以,教改之初,西安铁一中滨河学校选择的教育和评价单位是五人小组的教育模式。通过近四年的实践,我们近乎成功地解决了综合素养的提升和升学考试的矛盾;改变了学生的性格,绝大多数学生具有了责任心、包容心和较强的管理能力;也意外地收获了初一年级全体学生平均身高比入校时长高了 6.67 厘米和全校学生都能跑完 1000 米的体能素养。

那么,为什么小组由五位学生组成呢?国内外大量合作学习的研究发现,一个群体能稳定在四至六人时,更容易成为团队而不再停留在群体的层次上。在多年的合作研究中发现,如果是四人小组很容易又分成两组,当遇到意见分歧时,很难达到统一,会影响合作的效果;六人小组除了上述的共性问题外,很难形成共同交流的氛围;五人小组可以解决上述问题,更容易走向团队行为,所以西安铁一中滨河学校确定了以五人小组为一个班级的基本单位进行学习和评价。另一个可以进一步研究的问题是,人也可以分为金、木、水、火、土五种类型,将中国传统哲学中五行的相生相克关系引入进行研究,发现更容易形成合作的基本单位。而五人紧密型小组发展可以分为角色认同和行政服从、组内成员性格认同、成员之间情感依存三个发展阶段,在小组完成这三个层次后,学生个体的合作品质就形成了。

(一)团队型五人小组的发展阶段

在行政服从到角色认同阶段,学生大多处于不同学段的初始年级,学生之间、学生与老师之间还没有一定的了解,只能根据学生档案或学生自我介绍来进行分组,操作中为了加深学生之间的了解可以采用组长竞争来确定,再由学生自我演讲进行双向选择,组建五人小组。组建后,在组长的主持下,完成分工,确定各自的角色,如表10-1所示。

表10-1 常见小组内的角色分配

角 色	姓 名	职 能
组长		全面管理本组,完成老师布置的各项工作
副组长		全面协助组长完成各项工作
语文科代表		带领本组全面完成语文学科方面的各项工作
数学科代表		带领本组全面完成数学学科方面的各项工作
外语科代表		带领本组全面完成外语学科方面的各项工作
政治科代表		带领本组全面完成政治学科方面的各项工作
历史科代表		带领本组全面完成历史学科方面的各项工作
地理科代表		带领本组全面完成地理学科方面的各项工作
物理科代表		带领本组全面完成物理学科方面的各项工作
化学科代表		带领本组全面完成化学学科方面的各项工作
生物科代表		带领本组全面完成生物学科方面的各项工作
体育科代表		带领本组全面完成体育学科方面的各项工作
生活科代表		带领本组全面完成在校生活方面的各项工作
劳动科代表		带领本组全面完成班级劳动方面的各项工作

通过分配角色,学生在老师引导下学会承担角色,通过实践达到自己和小组成员共同认同每一个学生在组内承担的角色,并且尊重这一角色。本阶段的价值表现为在相互认同中形成服从管理意识,在认同角色完成活动的过程中,

学会对他人宽容和提升管理能力,从而实现角色认同和行政服从。

性格也可称为个性或人格。著名心理专家郝滨先生认为:"性格可界定为个体思想、情绪、价值观、信念、感知、行为与态度之总称,它确定了我们如何审视自己以及周围的环境。它是不断进化和改变的,是人从降生开始,生活中所经历的一切总和。"简单地说,性格就是个体独有的并与其他个体区别开来的整体特性,即具有一定倾向性的、稳定的、本质的人格差异,我们称之为性格差异。从性格形成过程来看,每一个不同家庭环境成长起来的学生都有不同的性格,如果在小组建设中不能形成成员之间的认同,就会影响小组成员之间的合作,甚至产生小组内部的分化。

在小组角色认同过程中,老师要创造各种平台,让承担不同角色的成员在组内履行责任,展示能力,获取尊重。在课堂合作过程中,也要引导学生暴露性格中的缺陷,接受其他成员的批评,在相互摩擦中达成共识,形成宽容心和责任心。如果在长期磨合中出现性格反差过大,老师要针对具体情况,在充分征得学生本人和小组其他成员共识的情况下,进行微调,微调过程一定要关注学生个体性格的兼容性。

随着小组成员课内、课外作为完成任务的基本单位而相互磨合,以及小组成员在奋斗中相互帮扶、在成功中共同分享建立起坚实的情感基础,成员之间在不同的学科或不同的生活领域会建立起信任,这种信任一旦形成,就能达成某一事自然由某一成员组织、调动实现目标的自主行为,这种行为现象称为小组成员之间的情感依存现象。有这种现象的小组是小组建设的最高层次,这种现象也可以分为初级层次、中级层次和高级层次。初级层次是成员在某些方面可以达到情感依存。中级层次是在学校所有活动中都可以实现情感依存。高级层次应该有两个方面的现象出现,即在节假日也可以通过信息交流实现小组在各个方面的情感依存,甚至影响学生一生。达到这种高级层次的小组成员,可以使任一薄弱小组在较短时间内把一个新的小组提升起来。

在教改实践之五人小组合作中,达到初级层次,最快需要一个学期;达成中级层次,可能要一学期到一学年;达到高级层次,对不同性格的成员而言所花费的时间是不同的。但在实践中无论达到哪个层次,学生都能在不同的层次上促进合作能力的形成。

团队型五人小组模式究竟有何实际意义?我们或许可以从一个现实事例

有所了解。苏联教育家维果茨基提出的"最近发展区",正是因为心理发展具有阶段性的特点,在相邻阶段之间就存在了发展的关键期。在研究中发现学生合作能力形成也存在"最近合作发展期"。实践案例为:西安铁一中滨河学校2012年开学,全面进行五人小组合作学习,由于学校偏远,好的生源很多流入其他学校,导致我校生源很差。但是,西安铁一中滨河学校坚持合作学习,不仅改变了学生的性格,也很快得到了家长和社会的认可。在第一学期期末应大量家长的要求,一部分学生参加了期末考试,新编了一个班级,以期末考试成绩作为评价,当时新编班级应是综合成绩最好的一个班级。这个班级自然就和其他班级构成了单一自变量,因为缺少初一第一学期,随着时间的推移,尽管这个班的班主任从建组到小组建设做出了巨大努力,始终没有办法和平行班级达到同等水平,整个班级只有少数小组能达到情感依存。到中考结束,该班的中考成绩评价,无论从尖子生和整体情况都明显弱于平行班级。

究其原因,有两点:第一,初一第一学期各科学习任务较轻,有充分的时间使学生通过课堂活动,在建构能力的同时,形成了合作意识;第二,学生刚进入初一,是从对家长高度依赖,到相对独立的转型过程,这一过程对学生终生起到了重要的作用。

(二)解决制约小组发展的常见现象的研究与实践

上文提到,角色认同是小组建立的第一阶段,小组成员的自我认同和成员认同是小组存在感形成的基础。一个紧密型小组的结构中,一定有明确的分工,分工有主动承担也可能有任务性承担。不论哪种承担,成员个人如果建立角色自我认同,并能强化成一种主动意识,在这种主动意识形成后,如果出现角色责任,就会主动承担相关任务,这样的过程就实现了角色的自我认同。

在角色自我认同建立过程中,还应形成其他成员认同,通过自我角色的承担,在承担过程中多为其他成员考虑在参与活动过程中获得成功的情感体验,这种成功可以是情感收获或是某种具体的突破,也更应体现一种被尊重的过程。当取得了被小组内其他成员认同时,小组存在感就建立起来了。

小组干部意识的强化是小组存在感强化的必要手段。在小组角色认同后应把角色意识转化为干部意识。"干部"一词从字面含意理解就是团队中的骨干部分。中国共产党的十二大党章明确指出:"党的干部是党的事业的骨干,是人民的公仆。"从该定义不难看出,干部应具有骨干性、示范性、组织性、管理性、服务性等特性。小组中有各种科代表,如果引导科代表把自己在这个学科的管理视为一种干部行为,通过长期的强化就会形成干部意识,存在感就能得到持久的强化。

存在感更多的情况应是让小组成员在完成任务中去体验,在活动和课堂教学过程中,老师可以通过清楚的指令,让小组干部按照指令组织实施,完成后按照二级回答方式进行呈现,也可以以小组方式进行整体参与呈现。通过这样的整体呈现过程,让每一个成员体验到自己在小组中的存在价值。

小组评价体系的建立,是小组合作有序发展的指引。没有科学合理的评价,就没有正误的判断,也就不能有效地强化合作过程中的有益行为,小组存在就会停留在一个相对较低的水平。

对一般学生而言,如果长期的投入没有成功感体验,就可能会对相应的活动失去自信。成功感和由此建立的自信是提高学生探索进取的真正动力,这比让学生获取知识更重要。教学中要相信每一个学生都是有潜力的,他们的心里都有许多美好的愿望,只要在教育教学过程中善于为他们创造体验成功感的平台,让学生体验到自身的存在价值,享受到成功和被人认同的喜悦,学生就会树立起自信心,迸发出奋发向上的决心和力量。小组建设中成功感的体验是归属感形成的最有效方式。

对学生来说,学习是他们在生活中极其重要的组成部分,所以他们在学习中能否经常体验到成功对他们的心理健康有着非常重要的意义。我们在实践中设立了"二级回答"以解决这一问题,所谓"二级回答"就是指老师给出合作探究的指令后,小组通过探究形成共性的答案,按小组成员的每天呈现顺序依次代表小组进行呈现,如果除共性外组内还有个性化的问题,也可随机呈现,然后才是其他小组成员补充呈现。通过这种方式,即让每一个成员都能分享组内合作的成果,体验荣誉感,也能使能力较强的成员感受个性创造的成功感。

对一个学生而言,小组中成功感获取途径是指所有学科及学校内的一切活动过程。就学科而言不能只关注学生在语文、数学、外语、物理、化学等几个学科获取成功感,还要重视学生在生物、历史、政治、体育、音乐、美术、计算机等学科获取成功感。例如,生物科代表,在生物学科中引领小组取得成功的过程,既体现了自身的价值,也产生了小组凝聚力。这种体验过程也是小组归属的基础。

选修课程是西安铁一中滨河学校根据国家校本课程要求,结合学校的实际,每周开设的一类课程体系。根据学校老师的个人爱好和特长,也结合校外的师资力量,推出具有鲜明个性特色的课程,通过宣传,根据学生的爱好和意愿进行选择的一个课程门类。学生在这里得到了释放,激发了潜能,体会了成功。对不少学生而言这在获取小组成功感体验的途径上是一种很重要的补充。

小组成员个性差异决定了在同一问题上得到成功感的体验不同,为了让每一个成员都能在合作探究中体验到成功感,在操作层面上一定要在组长或科代表的分工中,实现同样的问题不同层次成员确立不同的目标层次或完成不同目标层次任务,让各自享受成功感。

在小组归属感建立过程中一定要有除文化课之外的立体评价模式,因为学生个体始终存在个体差异,每一个学生都有各自的优势。除文化课之外,活动参与能力、劳动能力、公益能力、公共道德能力等各种能力都是学生成长的重要能力。只有建立起立体评价模式的引导,才可能让不同能力优势的学生从不同的体验中感受成功感,这种成功感也有利于产生小组成员之间的认同,达到了这种认同后小组的归属感就自然形成了。

认同感是指人对自我及周围环境有用或有价值的判断和评估。人无论怎样都需要被肯定,但是很多人却得不到它,因为不同的评价标准造成小组内不同的成员在统一评价标准下认为自己不够优秀,个体长期处于得不到承认的境地,体验到的更多的是疏离感,一个小组成员一旦形成了疏离感,就很难找到归属感。在建构学生认同感方面,我们采取了不同的方式,收到了良好的效果。

小组成员认同感形成过程中,中心人物的作用非常重要,小组的第一中心是组长,如果该组长能力比较强,自己可以示范、引领后取得成员认同,在不同的活动中通过指导不同的科代表引领,很快就能形成一学科一个认同整体的小组模式。如果组长能力较弱,不同学科条件下科代表的认同感就会减弱。在小组认同感建立过程中通过设立了组长反思活动,提升小组中心人物的引领能力。

认同感标准有些停留在学科成绩的水平上,而很多的学生在学校的主要课程相对而言可能不是强项,这本是一个群体的正常现象,这个群体里很多宝贵的闪光点往往在被认同过程中受到忽视。本改革体系要求在校内各种任务完成的基本单位都是五人小组,并有与之相关的全面的评价体系。由于小组内有明确的分工,每一个小组成员都可能找到自己在这个单位中的地位,这有效地打破了只有主要学科学习能力才能被认同的习惯,让那些被认为学习能力较弱的学生有了体验成功感的机会,也自然让那些被认为学习能力较强的学生重审自己学习能力的局限性,促进了小组成员之间认同感的建立,达到小组内较高层次的归属感。

在近三年对照研究中发现,小组归属感建立有最佳的时间范围,即小组合作最近发展期。可具体解释为形成紧密型小组合作过程所需时间最短的学生成长时期,实践证明这个时期在初中一年级第一学期。所以小组归属感建立就是合作精神的形成过程,抓住这个时期,小组归属意识就能在较短的时间内形成。

小组归属感在短时间内我们可以通过各种活动和措施引导形成,如果把这种归属感变成一种持久的、自主加强的过程,没有系统的小组文化建设是不可能实现的。只有通过文化熏陶,才可能把小组合作的前提——小组归属感根植于学生的日常行为,学生的合作能力自然就能形成。

(三)团队型五人小组微调整和干部培养

团队型组织是指以自我管理团队作为基本构成单位的组织。学校自我管理团队是指以响应老师指令即时有序的完成学习任务为目的,调动必要学习资源的能力,在组织平台的支持下,实施自主管理的学习单元。教学中对这种结构单元的控制淡化,而更多的是授权,目的是充分调动结构单元内的自我管理意识。这样做的优点是每个成员始终都了解团队的工作并为之负责,高效务实,团队的适应性很强。缺陷则为小组的领导人如果不提出明确要求,团队就缺乏明确性。所以团队的领导和相关任务负责人的责任心和能力就显得比较重要。

过去十年的实践,明确反映出小组建设中的三个特征明显的阶段,即小组成员自我角色认同阶段、小组成员相互角色认同阶段、小组成员之间的角色依存融合阶段。然而在小组建设的过程中,往往会出现几种不和谐现象。例如,小组的核心成员出现角色认同,但只达到了学生知道层面而不能主动履行;履行了但缺少方法,小组有个别成员不能全面配合;更有少量的情况对自己承担的角色本身任务都不是很清楚等。这种现象的发生,小组的功能实现就会大打折扣,那么这种小组就必须调整。

首先,数据支撑了小组的微调。小组合作能力除老师课堂观察评价外,还有一个很直观的数据分析,就是每一整体测试后各科小组贡献值的分析:如果一个班的小组贡献值在一个合理的区间,就说明小组建设在稳步走向优化;如果偏离了某一区间,一定是小组建设出了问题,再分析每一学科的贡献值,看是哪一学科存在的问题,在找到了问题后就能锁定需要调整的小组对象了。

我们不妨以一个班评价结果为例进行分析,如表10-2所示。

表10-2 小组学生评价分析表

小组	语文		数学		外语	
	平均分	贡献值	平均分	贡献值	平均分	贡献值
1	94.8	−0.95	113.6	3.46	107.6	−3.85
2	96.75	1	105.25	−4.89	106	−5.45
3	95.6	−0.15	110.2	0.06	112.6	1.15
4	96.6	0.85	114.4	4.26	112.7	1.25
5	93.4	−2.35	108.4	−1.74	112.2	0.75
6	98	2.25	105.2	−4.94	112.5	1.05
7	94.4	−1.35	110.2	0.06	114.8	3.35
8	96.8	1.05	113.6	3.46	112.5	1.05

由表10-2我们会发现,语文、数学、外语各组之间的贡献值(用班级平均分减去小组平均分得到的数值)差距分别是4.6、8.4、8.8分。从三科贡献值差距分析,本班总体小组发展比较平稳,排除学科差异,数学在第2、6组科代表较弱,外语是第1、2组科代表较弱,结论是第2组必须调整,第1、6组视情况而定,能培养就不必调整。

此外,我们再以一个模块的各科小组贡献值为评价结果进行分析,如表10-3所示。

表 10-3　年级各科班级小组贡献值比较表

班级	语文	数学	外语
L1	13	19	20
L2	8	12	30
L3	12	30	24
T1	5	9	8
T2	4	9	6
T3	4	7	4
T4	5	9	4

对表 10-3 进行纵向分析,不难看出小组建设问题最大的是 L1 班,整班小组都需要调整;L2 班可先调整外语学科的科代表;L3 班需要调整的为数学学科和外语学科的科代表;T1 班、T2 班、T3 班、T4 班每个组的贡献值都在一个可控范围,可以通过干部培养来缩小组间的差距,可以暂时不调整。

小组微调并非通过指令来完成一项班级建设工作,而是根据小组的实际情况,再依据微调小组个体的性格进行调整,以期达到性格认同的目的。

通常的步骤是,第一,根据评价计算出贡献值,确定应调整的小组或小组内的某一科目结构;第二,分析涉及成员的性格特征;第三,和相关小组的组长进行沟通;第四,和调整学生进行沟通;第五,实施调整。这样做的目的是让调整后的小组快速成长。

团队型五人小组最容易出现的问题是小组干部不得力,从而造成了小组建设不能顺利完成并持续维持良性机制快速完成小组任务。因此,在以小组为基本学生单位的班级组建中,把小组干部培养成为核心。根据十年经验,小组干部培养是合作学习的瓶颈,也是关键的突破口,更是学生综合素养提升的重要平台。

一个班级的单位是小组,让每一个小组干部成长起来,班级建设就进入良性状态。因为小组干部有以下价值:自主学习的领头人、班级良性发展的维护者、各种创造力形成平台的建立者、探究教程的执行者、作业的批改落实检查者、问题展示的协调者、单位时间内作业完成的组织者、选修作业的提示者和必修作业强化管理监督者等。

新生入学后,不排除少量学生不知道如何成为干部,怎么去做才能成为干部。所以老师应告诉每一个学生,只要把本职的工作做好,即能成为干部。在这一点上所有的老师都要有培养小组干部的意识。作为老师,应从以下几个方面有意识地进行强化:

- 在每一项任务下达后,提醒干部组织,组长协助(强化角色意识);
- 有意识地在课堂中引导干部学会操作;
- 利用各种反思环节指导干部怎么去做;
- 就各种反馈结果进行总结,指导干部如何去管理等。

我们还可以在国防教育中以小组为单位进行,通过半天训练、半天学习的组织过程,以强化学生在实际操作中的角色意识。通过开学后课堂训练和实际课堂等一系列的程序化的过程,来确保每一个成员自己的角色实现认同。如果能够通过以上方法,坚持操作,一般情况下学生都能知道自己的角色,为进一步提升奠定基础。

一个干部成长需要有长期培养的思想准备,中间出现反复、出现问题都是成长过程中的必然现象。班主任是承担这项工作的第一责任人,各科老师都应同步跟进。这样一来,班级的干部队伍才能快速形成战斗力。下面是实践过程中长期培养干部的一些做法:

- 班主任组织班级学生学习如何成为干部的理论知识(通过班会不定期完成),这样做能有效提升管理的理论水平;
- 班主任给出引导后,放手让每一个学生大胆去管理、去示范。通过早午读、课堂及每天各种反思活动去指导;
- 在管理过程中允许学生出问题,但面对问题应及时引导,而不是批评,让他们提高认识,进而达到我们干部的基本要求;
- 及时评价也要跟上,及时评价是指老师的口头表扬、通过班会表扬、每周学校表扬、月各种评星等;
- 要有长期培养的思想,一种意识的培养不可能短时间内完成,可能是半年,也可能是一年,还可能是更长的时间;
- 在一日三思中,特别是组长的反思和科代表的反思,老师跟踪指导是最有效的培养平台;
- 老师在这一过程中要有一定的感情投入;

● 在问题处理时以小组为单位进行集体强化。

总而言之,干部培养的模式可总结为:提醒—指导—再提醒—再指导。切忌"我给教了"的思维,要有耐性,坚持下去就可以看到一个个干部在成长。

在实践中发现促进班干部提升的班级小组文化建设可能包括以下几个方面:一是小组成员构成及各自角色,二是小组协同制度或公约,三是小组日常工作安排及监督机制,四是小组目标制定,五是小组荣誉台呈现,六是小组反思台呈现等。最后形成小组共同的向上信仰。如果坚持施行以上措施,通过约半年时间,即可实现小组成员管理和被管理意识的形成。

(四)班级文化的内涵及建设引领

一流的团队是用文化引领,用制度兜底的团队。学校的基本管理单元是班级,建设良好的班级文化是一个学校管理中的大事。无论是西安铁一中滨河学校,抑或是西安铁一中陆港学校,都十分注重加强班级文化建设,现已收到明显的效果。但不同的班级理解的程度不同,为了统一观点,加快建设的步伐,在班级层次上对班级文化进行分类,以期各班级在这个原则的基础上大胆创新,做出自己班级的文化特色,促进班风班貌的全面提升。

班级文化基本类型有管理文化、价值文化、学习文化、创意文化等四类。

首先,管理文化是指制度文化、制度落实文化。其目的在于让团体实现"1+1>2"的效果。管理文化具体表现为各种评价制度的建立和落实,其主要承担者是班主任、组长、学科老师、政教处、教务处等。

价值文化是指当日目标、月考目标、学期目标、学段目标、人生目标,它的存在是让学生意识到苦并快乐的前提。价值文化具体表现对一门学科、班级、学校的一种态度,其主要承担者是组长、班主任、政教处。

学习文化主要是指学习兴趣、学习方法、学习效率、学习成果等,这里学习内容主要指规定学科。其设立的目的是激发学生的潜能,变被动为主动。学习文化具体体现在核心识记创造性、探究主动性、作业的主动性等。其主要承担者为科代表、学科老师、班主任、教务处。

创意文化中,"创"是指创新、创作、创造……将促进社会经济发展,"意"是指意识、观念、智慧、思维……人类最大的财富,大脑是打开意识的金钥匙。创意是一种突破,是对现有技术、产品、营销、管理、体制、机制等方面主张的突破。

创意是逻辑思维、形象思维、逆向思维、发散思维、系统思维、模糊思维、直觉、灵感等多种认知方式综合运用的结果。

在笔者看来,校园中的创意文化意是指一篇创意的写作、一种创新的记忆方法、一种创新的解题方法、一种大胆创意的知识建构、一种大胆的生活优化、一种很有价值的假设、一种很有价值的改良等。其目的在于开启学生智慧之门。创意文化可体现在校园中的创意园地,其主要承担者是班主任、学科老师、政教处、团委、教务处。为了激励学生积极参与创意文化的创设当中,学校将进行相应的评选:一月年级组推荐一次,学期末呈示、表彰。

文化的建设不只是班级的事,更是学校的事,只有全校行动起来,这种文化的氛围才能实现,文化育人才能落到实处。2021年10月西安铁一中陆港学校举行的校园文化艺术节之歌咏比赛中的几个动人镜头,便是这一问题的最好例证。

2021年西安铁一中陆港学校艺术节,学校决定,将往常初高中部只有初一、高一参加且只演唱校歌与红歌的要求改变为让全校每个班级都参加,且齐唱红歌、校歌、班歌三首。这个决定一出来,不少老师提出了反对意见。原因不外乎这个决定打破了惯例,且担心学生负担重而应付了事。于是学校就唱歌的意义进行了讨论,提高了年级和班级的认识。经过一周的准备,以年级为单位的正式比赛开始了,意想不到的精彩出现了。

精彩镜头一:初一L模块的一个班,也是全年级学困程度最严重的两个学生所在的班,比赛当天,一出场惊艳了全场,班歌领唱的两个学生竟然就是学困程度最严重的两个学生,而且着装校服,大大方方,字正腔圆,充满了自信,班歌是全班自创,切合班情,全班也唱得入情入景。

我相信,这不仅是这两个学生的人生转折,某种情况下也是这个班级的转折,从综合评价结果分析,这个班级正在悄然改变。

精彩镜头二:高二一个基础文科班,因为本班学生组成比较复杂,小组建设和班级凝聚进展都不尽人意,所以落实歌咏比赛时,班主任就有点力不从心。班主任召开了一个班会,就这项活动的价值、学校要求与学生充分沟通,让每组谈谈各自的想法,并表示自己会与同学们一同为班级荣誉而战。学生被调动了,成立了项目小组,从选歌到排练,全班学生找到了归属感,学生也树立了信心,小组间相互配合,组长和成员之间关系就融洽起来了,不仅在活动中赢得了荣誉,也快速促进了小组内的学习交流,在评价中让所有老师对这个班的进步刮目相看。

精彩镜头三:高二理科两个平行班,班小、学生基础相对较弱,但开学后状态一天一天向好,歌咏比赛有一个得分标准是:班主任必须参加,任课老师有五人以上参与一次性奖励5分,年级主任对全年级做出相关的要求,凡是这个班的任课老师如果参与比赛,请一定代表这两个平行班参赛,请全体班主任支持。结果,这两个班参与的老师最多,学生情绪特别高涨,事后很多老师都感受到学生和老师的距离拉近了,似乎学生也长大了。

以上三个镜头仅是这次活动的三个典型,类似的现象每个班都有发生,一场活动不仅唤醒了很多的学生,也唤醒了很多老师对育人的新的认知。

歌咏比赛看似是一场合唱比赛,实则是增进师生了解、凝聚班级力量。特别是本次比赛曲目是红歌、校歌和班歌三首,在训练和排练中学生理解了国家、学校和班级的意义,这是一个人成长的依靠。与其说是在唱歌,倒不如说是在灵魂层面上的唤醒,让学生树立了自信,找到了方向,激发了每一个学生的斗志,这就是"立德树人"的重要而有效的过程之一。

本次歌咏比赛中还有一种现象值得关注,就是两二(高二年级和初二年级)比两一(高一年级和初一年级)的同学更加投入,从内心深处通过歌声实现了唤醒,说明这种方式在人的成长中有叠加性,也就是说唱歌可以实现让个人在精神层面获得累积性提升。以上事实给了我们一个提醒,在基础教育的每一个学段,应让正能量的歌声为学生的成长助力,也应让歌声伴随学生快乐成长。

(五) 老师切不可做班级管理的"圣上"

每月的一次月巡,实际上是对每一个班一个月来教育、教学等整体风貌的检阅,也是班级一个月来所有状态的集中呈现。这是一个班级教育反思的重要平台,也是促进班级相互学习的重要过程。从月巡中看到以下现象。

现象一:有的班级巧妙地运用了班级量化白板,把班级的管理团队突出呈现出来,也把各科作业摆放的位置规范确定下来。

这样做有三个效果,一是让班干部有一种自豪感,让他们在管理中更加自信;二是落实了有引导前提下班级常规工作的规范化;三是通过这种荣誉感时时提醒着每一个干部的责任。

现象二:在巡视领导讲话时,某年级的某个班级的同学们,全体及时主动问候:"老师好!"

这说明这个班长期进行了"礼"的教育,因为只有把行为规范到"礼",才能形成一种文化传承。这一现象虽小,但应引起每一个教育者的思考,如果我们的教育能把文化奠基到礼上,就是育人的回归。

现象三:在"创新园地"中,能欣喜地看到这样一种呈现,用比较卡通的生动方式,呈现出一种创意。

一个重视这一平台的班级,一定是团结向上的班级,也是充满创造的班级。教室外面的平台还有"读书园地""外语学习园地",每一个园地都是点燃学生激情的平台,从班主任层面一定要认识到它的价值,让它在学生成长中的作用最大化。

现象四:一个班语文早读姿势都很有讲究,这种讲究让每一个学生都充满激情,学生的情感在读书时表达得很到位。

这种现象就是真正理解了"当形式为内容服务的时候,形式就成了内容的组成部分"。在教育教学中有很多不可缺少的形势,一定是要坚持的,不坚持可能就失去教育的抓手。

现象五:班级小组文化建设还没有真正落地,我校的改革是以小组为中心的教育改革,如果不把小组建设成学生灵魂的归属地,就不可能真正地点燃学生的人生,我们的学校也只能是学生成长的一块垫脚石。

现象六:个别班主任对月巡的价值认识不足,如对"校服的统一性""班主任不能和学生一起准备,个别班主任只是给班干部安排了"。

这些现象说明班主任没有充分认识到学校的一些做法在教育过程中的真实含义,进而造成班主任认为这只是形式。

现象七:部分班级还没有引导学生养成草稿本是训练第一工具的习惯。

我们总讲高考向规范要50分,如果不从起始年级严格要求落实,是不可能实现的。草稿本是耳、眼、手、脑联系的第一平台。

从以上种种现象不难看出,在教育过程中,无论是班主任还是科任老师,可能还没有把自己和学生融入为一个成长的整体,更多的时候还是作为"圣上"定位。从教育过程上看,老师在学生面前作为"圣上"所能做的一件事就是指引学生发展的方向,规范他们的行为,但在落实方面一定要率先示范,用行动感染学生,影响学生,带领学生,让学生真正对老师敬而爱之,爱而从之,从而谏之,谏而共识之,而后为之奋斗。这样的师生关系一定无所不能。

第十一章 课程改革：课堂目标的转换及结构化知识体系的确立

（一）基础教育课堂目标的调整

回首高中课堂改革，一路走来，总是难以挣脱高中课堂因知识容量太大，而无法真正推行以学生为主体的课堂改革，特别在高中教学中始终走不出只有通过讲才能完成课堂教学内容的思维怪圈。实际教学中真正制约实现新课程期望的自主、合作、探究三位一体的课堂，究其原因还是课堂设计无法走出以知识为核心的基本理念。怎样才能走出这一怪圈？笔者在近三年实践研究中发现限制因素主要是现有的三维目标顺序。

新课改提出的课堂三维目标是：知识与技能、过程与结果、情感态度价值观，在老师的操作中被简化为知识目标、能力目标和情感目标三个部分。这种排列顺序是十年课堂设计的基本要求，这种要求实际上是把知识目标凌驾在能力目标和情感目标之上的一种表述方式，在这种课堂设计指导思想下，课堂设计无论如何调整都难以实现新课改预期的课堂转型，即实现把以知识传授为核心的课堂转型为以形成能力和方法为核心的探究性课堂。通过研究发现，既然新课改追求的课堂是以形成能力为核心的课堂，如果还把知识目标放在首位，就不可能全面实现以能力形成为核心的课堂，于是笔者大胆提出了对课堂的三维目标的顺序进行调整，调整后的三维目标顺序是：情感目标、能力目标和知识目标。用调整后课堂目标的顺序设计课程则要求每一节课应以追求情感目标为高境界，通过能力目标的实现为载体，知识目标是学生用来识记的部分。当我们以这种理念去设计课堂时，发现以培养能力为核心课堂就自然出现了，也顺利实现了课堂转型。

当前，无论是学校教案的要求还是相关部门组织的教学设计比赛，在三维目标的表述上都是知识目标、能力目标、情感目标的标配表述。长期这样的排列顺序自然就出现了一节课的设计只要把知识目标落到实处就是好课的传统思维,尤其是很少有在课堂上把情感目标当成真正的课堂目标去完成。在这种设计理念指导下,老师第一关心的当然就是这节课有哪些需要学生学习的知识点,为了完成相应知识传授,老师发现只有通过讲授法的课堂才是最高效的课堂形式,长此以往就产生了这样的一群"名师",即只要我把课讲得好,其他不关我的事。这样的"名师"授课虽然课堂上让学生感觉获取了大量知识,但没有真正形成获取和驾驭知识的能力,一旦离开了老师,就可能无所适从了。

新课程改革的核心是课堂教学的改革,为适应信息时代的发展,要求在完成学科思维单元内最基本知识学习的基础上,以形成学科学习兴趣和学习能力为核心的课堂。教育心理学认为能力只有通过课堂活动才能形成,教学从根本上讲应该是调动学生的学习积极性和激发学生学习的潜能,教是为了不教,这也是新课程改革倡导的"授之以鱼,不如授之以渔"理念。以能力形成为核心的课堂一定是以学生活动为主体的课堂,而对今天这个信息时代而言,知识已不再是学生成长的核心,只是学生能力形成的一种载体。

在课堂承担的作用发生变化后,新课程改革也明确提出了探究性学习、合作学习、自主学习的三大学习理念,要想把这种学习理念落实到课堂当中,每节课就应当是以学生为中心建构知识的活动过程,老师只能是一节课的设计者、引导者、课堂学习氛围的创造者、形成结果或结论后帮助学生的规范者、生成新问题后的即时拓展者、学生学科情感建立的评价者和推动者。

然而反观当下,当前三维目标顺序是造成课堂教学难以成为以能力形成为核心课堂的关键。课堂设计理念决定课堂操作方式,在当前以知识目标、能力目标、情感目标为课堂设计顺序的指导下设计出来的课堂,为了落实知识目标,为了完成知识传授的教学任务很难做到把学生的认知感受作为核心,学生在课堂上就很难成为课堂的主人,潜能也就无法激发出来,即使老师讲得再精彩学生在课堂上的收效也可能很低。

新课程改革明确提出了课堂三维目标,但把知识目标放在了首位,所以在课堂设计中无形地强化了知识目标的主体地位,用这样的思维去设计课堂自然是以灌输知识为设计核心,这样设计出来的课堂自然就会在知识上用加法,唯恐哪个知识点没有讲细致,就会感觉到课时不够,也会越教越多。目前,解决这种矛盾的方法就是各学校在压缩学生各种考试之外学科时间或活动时间去给相关高考学科增加课时,结果使得学生越学越累,老师越教越感觉学生学不会的现象就会突出。面对这种现象,就出现了新课程改革的课堂要求与高考选拔之间的矛盾,很少有人去思考怎么通过研究去解决这一矛盾,而是主观认为其不可调和。

以知识目标为首的课堂,呈现出如下特点,老师在课堂教学设计中总是专注于与知识目标相关的各种知识传授的设计。在设计中就不可能给学生在课堂上留下更多的时间让学生通过活动建构能力,为完成设计的教学任务,老师就得尽可能地占用教学时间。这样的课堂学生只能疲惫记录,很难形成学科能力,学生为了形成学科能力,只能通过多做试题去完成,试题越做越多。

例如,高中生物必修二第3章第3节DNA的复制"课程标准要求":概述DNA分子的复制;分析DNA分子复制的过程、特点、意义。按照原三维目标定位,知识目标:记住DNA复制的概念;简述DNA复制的过程,并分析、归纳出DNA复制过程的特点;了解DNA复制在遗传上的意义。能力目标:通过课本知识或补充相关知识,引导学生分析、比较、推理、归纳,培养科学的思维;通过引导学生观察拉链和DNA复制的比较,鼓励学生大胆想象、猜测,培养学生自主探索、合作学习、分析问题、解决问题的能力。情感目标:通过分组探究活动,培养学生的协作意识和科学态度。不难看出这样设计出来的能力目标和情感目标都不能落地,可能就成了为课堂设计而设计的内容了,所以知识目标就成了课堂真正落实的目标内容了。

纵观近年的中考和高考试题,无论是简单试题还是较难试题,需要学生准确呈现的知识都是基本知识,所谓的难都是思维问题和信息获取问题。这就说明高考这个指挥棒迈入以能力为核心的评价方面,如果课堂设计不做出重要调整,要想适应高考只能是把备考作为唯一的教学目标了。

研究中笔者提出课堂设计理念是:知识是用来识记的,能力是通过课堂活动才能形成的,而学生的兴趣和学习品质是识记知识和形成能力的前提,也是每一节课最高的追求。基于这种研究背景,在教学过程中大胆把情感目标提到首位,其次把能力目标放到中间,把知识目标放到第三位。这样的调整从根本上解决了让学生成为课堂主体的问题。

一个思维单元的三维目标,应该是指导老师操作课堂的基本要求,不是为了摆设,所以表述一节课的三维目标时,一定要给出能体现学生落实的动词表述。调整后的课堂三维目标是依据每个思维单元的课堂目标通过定位写出课堂操作目标的情感目标、能力目标和知识目标。

在课堂设计的教学研究中,通过大量的研究发现造成高考与改革之间不可调和的矛盾,其根本原因不是高考指挥棒的问题,而是传统课堂设计以知识目标为课堂设计主体所造成的。而调整课堂目标顺序后,课堂设计则是以情感调动为前提,以能力目标为课堂核心,知识只是为实现能力目标服务的载体。当课堂设计实现了以能力目标为核心、以情感目标为最终追求的时候,学生不仅可以强化知识目标,而且可以形成主动获取更多知识的能力。在实现能力目标的过程中,情感目标自然会实现。实现了情感目标,学生才可能有持续的学习动力,所以,情感目标才是一节课最终追求的方向。

传统的三维目标顺序依然是以强调知识传授为核心的思维体系,调整顺序后的三维目标则是以激发学生主动学习为最终目的,以获取学习能力和方法为核心的思维体系。以知识要求为主体的思维是不可能设计出以能力形成为核心的课堂,新课改希望的课堂不可能实现就成了一种必然。

调整后的课堂是以立足学生情感和能力形成为目标进行设计的,自然就建立起以学生为中心的课堂授课方式,以学生为中心的课堂三维目标应用课堂落实目标进行表述。例如,高中生物必修二第3章第3节DNA的复制这节课,课堂落实目标如下。

情感目标:以小组为单位,通过小组合作完成DNA分子的复制过程认知,认同生命延续的精确性的观点,形成尊重生命和科学探究生命问题的态度。

能力目标:通过资料分析是半保留复制而不是全保留复制,归纳出半保留复制的增殖方式;通过DNA半保留复制过程分析引导学生总结出相关计算公式。

知识目标:识记DNA分子复制的条件、原理、步骤、方向、意义。这种调整后的知识目标放到课前预习课中完成即可,课堂成为学生利用已识记的知识建构能力的过程,在建构能力的过程中,学生通过体验自然就实现了情感目标。

经过调整,在实践过程中能力目标真正成为课堂教学的核心,并且发现一节课需要解决的能力目标设计一般不应超过两个,定位好一节课的能力目标是课堂教学设计的关键。能力目标的内涵是指学生要通过体验和交流获取有价值的信息,建构出自己的学科知识体系,形成规范的结论呈现或方法总结,并达到灵活运用结论和方法以解决问题的目的。在老师的引导和帮助下,经过这样的过程学生获得了思维能力提升之后,他们的课后作业就能快速完成,这样就可以为学生留下自由时间去完成学生喜欢的学科内容,对学科的学习兴趣就会被激发出来,这不仅实现了能力目标,而且也实现了情感目标。学生在具备了基本能力后,面对应试时,只要在考试前进行短暂的复习,就会快速提升考试能力。如果课堂只注重知识的传授,学生为了应付考试而不惜牺牲大量的课外时间去反复练习那些试题,以弥补因为课堂没有形成能力的不足。

调整顺序后对知识目标有明确的界定,即某些概念、公式、定理、操作流程、历史史实等的记忆,从某种程度上讲就是学生可以自主识记的内容,也是形成能力目标不可缺少的基本知识部分。在课堂研究中认为具体的知识目标可分为两个部分,一个部分是了解知识目标,即为了相关能力的形成必需拓展的相关内容,学生通过阅读可以完成的任务;另一部分是学生必须准确识记的部分。不论是哪种知识目标,都是要通过学生自己去完成的。所以,知识目标的内容一般要通过核心知识落实课让学生去完成,完成得是否到位关系到学生课堂能力目标的实现。

知识目标是能力目标形成的载体,上一节课的能力目标一旦达成,上一节课的能力目标形成的结论或方法在下一节课上就构成了知识目标。在上下一节课时可作为知识强化,也可在探究问题时进行回顾,为下一节课探究形成新的方法或结论起到支撑作用,这种过程也是学科内综合能力的建构过程。

调整后三维目标之间的关系是,以情感目标为前提,能力目标是核心,知识目标是载体。这样既实现了能力目标,也就达成了情感目标,也同时强化了知识目标。

通过对目标顺序的调整,我们不难发现,原有的课标动词在课堂落实目标表述中,有不少的地方存在需要根据要求进行量化和归属于哪个目标的确定。在研究过程中发现原有的目标动词大多数是方向性的界定,这种方向性的界定很难让老师在课堂设计中准确定位,即原目标动词多定向,少有定量,没有为每一节课的设计确定能力要求提供定量的指导。在研究中提出,对一节课而言,根据课标要求完成课堂落实目标动词的量化研究,以实现准确的课堂三维目标的定位,即对每一节课的设计需要用相关的课堂落实目标(定量目标)动词来表述,让授课老师准确知道达到哪一种量化标准后本课时的基本能力目标就视为达成,在完成了这节课的基本目标后,再根据自己的经验、学生的情况去灵活拓展或提升，这一部分就是课堂的选择性学习内容。通过实践证明，量化课堂目标后设计出的课堂可以顺利实现课堂能力目标，也实现了课堂从以知识为核心到以能力为核心的转变。例如，课标中多用"了解""知道"等动词，这些动词缺少基本的量化指标，让课堂的设计者无法确定达到什么水平就算完成了课标的基本要求。在课标动词的量化研究中，根据不同的课时，把"了解"内容可以具体量化为"阅读""观看"或"举例"等不同的目标层次，不难看出"阅读""观看"内容是知识目标，"举例"应归属于能力目标。类似很多课标上的目标动词在落实目标的研究中都要进行必要的量化，只有通过相关的量化表述，课堂设计才有相关最低量化标准，即在实践中设定的必修目标和选修目标，必修即是每一节课的基本能力要求，选修则是依据课堂生成不设上限的目标要求，也是学生可以掌握也可以了解的个性化问题。这样的设置就不会出现教无底线，越教越多，学生负担越来越重的问题。

有些目标动词的定位本身还需要斟酌。例如，课程标准把"举例"列为知识目标，在实践的过程中我们认为学生如果能针对某个问题准确地举例就已达到理解层次，应属能力目标，但一般不需要用完整的探究问题去解决。

有些目标动词在课堂设计的操作层面上应有可操作性的界定。例如，调整后的情感目标量化动词通常可表述为"调动""感受""激发""形成""认同"等，这样的量化表述提醒老师在上每一节课前都能把注意力往能力目标转移，只有完成了能力形成的过程，才会产生相关的情感体验，把情感态度这一常常认为是务虚的目标落到实处。

研究中，知识目标通常用"识记""阅读""观看"等相关动词表述。能力目标通常用"举例""类比""得出""总结"等层面的相关表述。例如，"举例"就是课程标准"理解"的最低层次的量化动词。

通过课堂落实目标定量表述，不难看出知识目标是应该放在核心知识落实课上完成的，而能力目标才是在老师引导下，课堂通过活动形成，在活动实现能力目标时自然就实现了情感目标。

调整后的三维目标在教育教学实践中有何现实意义？在第一阶段教改中，我们通过对三维目标的调整，设立了"三部六环"课堂，三部是预习、课堂探究、课后巩固，六环是课前自主探究、课前自主检测、课堂合作探究、课堂探究总结、课堂即时评价、课后拓展延伸。这种教学模式已顺利实现了把日常课堂教学以知识传授为核心向以能力形成为核心的转型。第二阶段形成三类课型后,原预习课变成了核心知识落实课,更明确地建构和落实了知识,实现了学科的工具性落实。考试学科不再以加课时为应对考试的唯一方式,学生能力随着时间的推移越来越强,学生的潜能在这里被激发出来,考试能力也随之提升,实现了素质教育与应试能力的统一。

(二)知识目标的实现

调整后的三维目标仍然围绕情感、知识、能力展开。那么回到具体的环节,知识目标究竟该如何落实?

基础教育阶段各学段都存在不可或缺的知识积累问题,各学科知识多如瀚海,如——记忆,对每一个学生来说是不可能的,也是不需要的。基础教育中每一学科体系都不外乎由科学概念、学科方法、学科规则等知识构成,而这些知识当中有一小部分是支撑该学科应用时不可缺少的知识,这些知识称为核心知识。核心知识是隐藏在学科知识体系当中,需要学习者找出,并建构成结构化的核心知识体系,然后在生活情境中内化。

在实践中落实知识的五个层次,被称为"五读"法。知识的落实从本质上讲是学生自己建构的过程,其目的是依靠学生的自主学习能力,通过"五读"法,形成核心知识落实的一、二、三级结构。下面是每一层次自学知识的要求和相关标准。

通读要求在规定的时间内完成对单元内容阅读一遍,达到感知即可。其考查标准是中学学段每分钟200~250字符,小学学段1~2年级每分钟100字符,3~4年级每分钟120字符,5~6年级每分钟150字符;初中学段每分钟200字符,高中学段每分钟250字符。在阅读的同时,能用文本的大标题表达基本大线条;相当于达到知识认知总量的10%。

指读要求在规定时间内把单元内容的关键词找出并画出来。其考查标准为中学学段每分钟200~250字符,小学学段1~2年级每分钟100字符,3~4年级每分钟120字符,5~6年级每分钟150字符;初中学段每分钟200字符,高中学段每分钟250字符。在阅读的同时,把文本中的关键词勾画出来,关键词都不超过8个字符;能用文本中的关键词表达大标题的指向意图;相当于达到知识认知总量的20%。

拓读是指课本呈现的内容之外,能够辅助学生理解其内容,对需要补充的课外知识的阅读。拓读内容一般分为四个部分,即名词解释、兴趣阅读/背景介绍、学科前沿/经典介绍、研究论文。学科前沿和研究论文为选读部分,不同程度的学生可根据自己的需要进行阅读。其考查标准为中学学段每分钟200～250字符,小学学段1～2年级每分钟100字符,3～4年级每分钟120字符,5～6年级每分钟150字符;初中学段每分钟200字符,高中学段每分钟250字符。在阅读的同时,把文本中的关键词勾画出来,关键词都不超过8个字符;把对应关键词的解释进行通读,能够举例即达到知识认知总量的40%;完成兴趣阅读、学科前沿阅读即可实现一级奖励,可在过程中作为奖励积分;完成研究论文阅读,并且写出100字符以上的感悟即可实现二级奖励,可以在过程中实现一级奖励的二倍积分。

研读是指依据要点,用指读画出的关键词,建构知识的一、二、三级结构,实际上是完成三维目标中的知识目标部分的阅读。一级结构一定要让学生自己完成建构,这样学生就能形成相应地获取信息、整合信息能力,也可实现对知识的整体性建构。其考查标准是把勾画出的一级关键词,按照必然的逻辑搭建出结构图,即完成知识认知总量的70%;再以某一级关键词为核心,按照必然的逻辑搭建出结构图(二级结构),即完成知识认知总量的80%。

境读实质上是指引导学生用生活中的实例为载体,把建构出来的一、二、三级结构的知识,用场景化的方式牢牢,以彻底完成知识记忆和内化的过程的阅读。在操作中每组在一个思维单元内只需要完成一个结构的境读体验即可,把不同组的境读脚本整理到笔记上就可实现整体境读。其考查标准即为把一级结构的组建与生活实例中的情境对应即完成知识认知总量的90%;把二级结构的组建与生活实例中的情境对应即完成知识认知总量的100%。

总之,通过以章节或更大的模块,对核心知识进行建构并内化,会有力地支撑探究中能力的建构。

(三)能力目标问题化的抓手

新课程改革的目的是培养创新精神和实践能力的人才,也是为实现大众创业、万众创新的中国梦奠定人才基础。新课程改革对学校教育的总体要求是促进每个学生身心健康发展,培养良好品德,满足学生终生发展的需要。同时,新课程改革将学生发展的自主性、主动性放在突出位置,强调激发学生的学习兴趣、学习动机,强调学生的自主参与,从而完成素质教育。如果能形成学生的探究性思维品质,学生的素质教育也就会全面实现了,而形成这种思维品质最核心的载体应该是课堂,所以设置课堂探究性问题就事关新课程改革的成败。

新课程改革的目的是以培养民族创新精神为前提,而创新精神的前提是中学生探究性思维品质的形成。探究性思维品质的形成应该成为新课程改革中学校教育的核心,围绕这一核心去组织教育教学,学生的综合能力才会得到全面提升,学生的学习潜能也会随之被激发出来,学生成绩也会随之提升,学生的综合素质才能全面提升。

课堂是学校教育的主阵地,也是学生获取知识和形成能力的主要场所,如果放弃这一主阵地去谈学生探究性思维品质的培养,那是一句空话,只要把每一节课转变成为学生探究性学习的场所,探究性思维品质才可能形成,全民创新才可能真正实现。

课堂如何设计探究性问题是探究性思维品质形成的前提,探究性课堂一定不是问题串课堂,而是把能力目标以学生最能接受的角度呈现给学生的课堂,让学生去自主思考,促进学生深入研究。一节课结束学生能否实现探究过程,是看这个探究性问题的设计是否合理。

探究性思维品质也可以理解为一种思维技能,而技能的一个特点是:技能是一种活动方式,是由一系列动作及执行方式构成的。思维技能就是指一系列的思维动作联系在一起进而形成的一种思维习惯。探究性思维品质是大脑综合处理问题的高级能力,需要大脑相关部位长期共同兴奋而形成的一种神经联系。中学生时期是大脑走向成熟和人生最活跃的时期,如果每一节课都能引导学生进行探究性思维品质的训练,就有可能形成学生终生的探究性思维品质。如果我们的学生都能形成不同层次的探究性思维品质,中华民族的创新精神就会被全面地激发出来。

新课程改革已进行了十年,各科以问题设置的课堂都被冠以探究性课堂,目前常常被称为探究性课堂的问题设置出现了这样的演变过程:从问题串课堂到把知识目标问题化,表面上看是把问题减少了,但从本质上讲依旧不能真正实现学生能力的形成,只是停留在知识目标的层次上,这样的课堂是不可能形成学生探究性思维品质的。

在课堂上真正具有探究性价值的问题,是让学生通过思考交流进而形成的结果、结论或方案,呈现后在老师的规范和拓展下,形成比较规范的结果、结论和方案,并根据个性特征生成更多问题的过程,这样的过程会更大地激发出学生进一步探究问题的热情。所以,课堂探究性问题的设置应具有一定的思维完整性、层次性、系统性三个基本特征。

思维完整性:在设计问题时要关注问题的整体,尽可能不要把一个完整的问题切割成问题串,引导学生从整体思考中寻找突破口,达到形成思维品质的目的。层次性:一节课的问题设置一定要从基本能力入手,让学生通过调动知识和方法达到形成综合能力的目的。系统性:探究性问题设计一定要确定本节课在课程标准中承担的核心能力,围绕这一核心能力进行设计。

探究性课堂是需要探究性问题作为载体去实现的,虽然在新课程改革的基本理念中提出探究性学习,但课堂如何进行探究性学习以及如何提出探究性问题,改革走过十年了,但课堂探究性问题的设计在教育界还没有形成相对规范的指导性参考。没有相对规范的探究性问题设计方式,就不可能让探究性课堂成为常规性课堂,更不可能培养出具有探究性思维品质的学生。笔者在长期探究性课堂问题设计的研究中,通过课堂落实目标的研究发现,只有把课堂能力目标问题化,课堂探究性问题就自然找到了抓手。在探究性问题指导下的课堂,学生不仅建构了知识,而且点燃了学习激情。长此以往,这种常规性课堂就可以实现探究性思维品质的形成,在学生探究性思维品质形成后,就可以顺利实现素质教育和应试能力的有机统一。

对课堂而言,不论是什么学科,每个思维单元都有相对应的能力目标,一个思维单元的能力目标才是本思维单元的灵魂,只有找准了能力目标才可能真正实现通过课堂完成学生探究性思维品质的培养。

课堂能力目标的确定是依据国家课程目标的课标动词,经过教材编写组细化到每一个章节,一般在教师用书中有明确表述,而每个思维单元的能力目标是在上述基础上参考考纲定位出来的。对课堂教学而言,每一个课标动词都可能有能力目标的倾向,如"了解"这一课标动词,可能有三个层面的含义,在知识层面上是阅读或识记,在能力层面上要求达到举例,如果定位在认同某种态度,了解内容是情感目标范畴。理解无疑是能力目标,但针对不同的要求达到的能力层次也是不同的,所以,每个思维单元的能力目标是根据本节课承担的具体能力要求去确定的。

课堂能力目标总体上分为三个层次,即举例、归纳、运用。举例是能力目标体现的第一层次,所谓举例就是学生能结合自己的生活实际把生硬的知识用生活化的过程表达出来。如果对某一问题能达到举例就表示达到理解的最低层次,在课堂落实目标上可表述为用自己的语言说出或写出;而归纳层次的课堂落实动词也有不同的表达,如用概念图的方式呈现、用函数关系式表述等,即达到了归纳的水平,这种能力目标也可表述为用总结、得出、归纳等具体的动词表述出来;运用即把归纳出来的结果或结论运用到某一具体的生产生活情境当中,这种能力目标可表述为根据某方面的知识对相关材料进行分析,提出方案或措施等。在把课堂能力目标用操作性动词表述出来后,只需要把它转换为问题呈现出来就是课堂探究性问题。

例如,高中生物必修二第1章第1节孟德尔的豌豆杂交实验——分离定律(一)一课的课程标准的要求是:阐明孟德尔的一对相对性状的杂交实验;体验孟德尔遗传实验的科学方法和创新思维;理解孟德尔"假说""演绎"的内容;理解分离定律的基本内容;知道分离定律的适用范围;运用分离定律解释一些遗传现象。笔者通过对以上6个要求的研究可知,只要落实以下能力目标即可完成课程标准要求。

能力目标:以孟德尔的一对相对性状的杂交实验为例,总结"假说""演绎"的流程;通过孟德尔实验总结显隐性判断方法,归纳自交、测交和杂交的应用方向。根据能力目标可以转换为以下三个探究性问题,分两个课时完成。

探究性问题一:以课本孟德尔的一对相对性状的杂交实验过程为材料,总结"假说""演绎"的基本流程,找出每一流程中孟德尔的处理结果,并分析F2的基本特征。

探究性问题二:借助课本实验过程,参考给出的材料,以小组为单位,总结显隐性判断方法,总结基因型推断的基本步骤。

探究性问题三:参考课本资料分析自交、测交和杂交,总结出各自可能解决的遗传学问题。

从学生在课堂上的行为变化来分析学生是否完成了探究性课堂的教育教学过程,经过大量的实验可总结出对课堂总体评价为:学生的思维是否打开,规范的呈现是否形成。而面对学生个体的评价标准是:带着问题来,会带着更多的问题离开。

总之,只有准确地抓住每个思维单元的能力目标,根据学生和老师的经验及不同地域的风土人情特点,把能力目标设置成生动的问题,才是课堂最有价值的探究活动。如果每个思维单元都能这样设计,我们的探究性课堂就成为现实,学生探究性思维品质就会形成,公民的创新意识就会自然生成,中华强国梦就会提前实现。

(四)"团队型五人小组结构化改革"课程体系简介

在十年的体系化实践中,围绕落实"立德树人"这一根本任务,现今西安铁一中陆港学校已体系化建构出可适应"双减"目标,还能提升学生综合能力,并能全面适应国家新型人才选拔所需的"课程体系"。该课程体系可以在实践过程中落实"立德树人"根本任务,有效地实现"五育并举",在如何回答"为谁培养人""培养什么人""怎样培养人"的教育经典三问上做出了有益的探索。

本课程体系由三类承担学生发展任务的课堂组成,即校内的形成学科知识与能力的"核心课程"和运用知识实现能力提升的"成长课程"、校外的综合能力提升的"实践课程"等三类课程维度。

1. 第一课程维度(知识认识基础课):校内的形成学科知识与能力的"核心课程"

形成学科知识与能力的核心课程简称"核心课程"。"核心课程"是指国家规定的必需课程,其课程改革是依托"团队型五人小组结构化教育教学改革"的理念而诞生了三类课堂形式,它是西安铁一中陆港学校教改中最重要的组成部分。在严格执行国家课程要求为目标的基础上,我们对传统教学模式进行了大幅度的探索与改革,形成了五人小组合作探究下的结构化教学体系。该体系对每一门国家必修课程都进行了以"思维单元"为单位的结构化整合,实现了在思维体系下落实课程体系。本着教学中实现以情感态度价值观为引领,落实知识,形成能力的目标,我们的"核心课程"在落实时形成了三类课堂,即核心知识落实课、能力形成探究课、落实拓展习题课。这三类课堂,有效地保证了国家课程规定的知识在学生成长中落实和能力形成。

操作环节简介如下。

第一环节：划分思维单元（依据能力点）。

第二环节：实操三类课堂。

1）核心知识落实课

方法："五读法"，即通读、指读、拓读、研读、境读。

2）能力形成探究课

方法：以小组为单位探究"六环节组织法"的实施，即"课前探究检测""课堂合作探究""探究结果总结""课内及时评价""课后拓展延伸""课后老师感悟"。

3）落实拓展习题课

方法：单位时间训练与小组问题探索。

小组问题探索的三个维度是：思维方向、相关知识、相关方法。

第三个环节：课后巩固。

语文、数学、外语、物理、化学有课当日，必修作业的时间均在30分钟以内，其他学科均在课堂内完成（初三、高三例外）。

2. 第二课程维度（能力提升特色课）：运用知识实现能力提升的"成长课程"

运用知识实现能力提升的成长课程也称为"成长课程"。本课程是在"核心课程"的基础上，从不同角度、不同方式实现学生能力提升的实践类课程，这类课程从一定程度上提升了学生的学习兴趣，形成了学生综合应用知识的能力。本课程体系除保证学生的基本能力形成，更大程度上关注了学生的个性差异。该课程体系由全员参与类和部分参与类两大体系构成。

1）全员参与类

全员参与类分为选修课程类、爱国教育类、生存能力类、艺体综合展示类、体能训练类、反思分享类、学科活动类等。

a. 选修课程类

选修课程类是以在校学生必须选择的课程类型，该课程类是以学生的需求和可调动的师资双向选择而开设的课程，这类课程是每届根据学生的变化而变化的。例如，西安铁一中陆港学校初中（初一、初二）、高中（高一、高二）开设的选修课程，由三大目标体系16种类、58门课程构成。

a）兴趣爱好培养

表演类：陆港主持人、话剧社、舞蹈社团、合唱团、运动舞蹈、乐队的夏天。

乐器类:民乐团。

美术类:精微素描(专业)、美术社(兴趣)、色彩工作室。

书法类:汉语书写规范课。

球类:陆港中学篮球梯队(专业)、陆港中学篮球社(兴趣)、陆港英式橄榄球社。

数学类:数学大咖秀、数学那些事儿、数学快乐营。

外语类:Wander & Wonder(漫游记)、Word to World、影动外语、外语视听说、"声"临其境。

自然科学探索类:柯南与化学、生物界的微观世界、魅力生物、物理学史与物理生活。

经济类:趣味经济学。

b) 技能技术习得

思维成长类:思维能力游戏课、演讲与辩论协会、逻辑推理社、不服来辩。

技术创新类:VEX机器人。

手工技艺类:筑梦手工坊、物理动手更有趣、指尖上的慢时光、插花、陶艺、厨艺、茶艺。

c) 身心健康成长

运动健身类:瑜伽健身操精选等。

生活体验类:喝花茶品人生、聊天无主题(Chattopia)茶话会、我的大学梦。

文化欣赏类:史说三秦、经典咏流传、陆港国学社、文化中国说、交流的魅力、神话故事、影动史堂、影视赏析、跟我学礼仪、中国地理与美食鉴赏。

心理成长类:心理学与生活(初中)、心理学与生活(高中)。

b. 爱国教育类

爱国教育类由升旗仪式、国旗下分享、周总结表彰等组成。

c. 生存能力类

生存能力类主要由消防应急演练、文化商业街等组成。

d. 艺体综合展示类

艺体综合展示类主要由艺术节唱红歌、体育节大型团操、科技节活动、运动会等组成。

e. 体能训练类

体能训练类主要由每日千米跑操、每周活动等组成。

f. 反思分享类

反思分享类由一日三思、每日分享、抽检分享等组成。

g. 学科活动类

每学期每学科都以活动的方式，以年级为单位进行，以落实核心知识为目的进行的学科集中展示活动。

2）部分参与类

部分参与类主要是指政教处、团委、大队部、年级牵头，依据一年的重要节点，配合上级相关要求，完成的相关展示活动。一般由建党节纪念、九一八纪念、清明节纪念等组成。

3. 第三课程维度（综合应用实践课）：校外的综合能力提升的"实践课程"

校外的综合能力提升的"实践课程"简称"综合课程实践"。

这一类课程体系，是学生成长不可缺少的课程，也是学生综合能力全面提升的最重要的课程。在长期实践中形成了西安铁一中陆港学校相对稳定的"综合实践课程"体系。

西安铁一中陆港学校综合体验课堂由全员综合实践类、局部专题实践类、家庭单位实践类、学生个体实践类组成。

1）全员综合实践类

本部分由 35 公里徒步野外露营生存体验类、农耕实践类、农耕综合研究类（研究型学习之一）、20 公里徒步春光体验类（研究型学习之一）、科研单位参观研究类（研究型学习之一）等组成。

2）局部专题实践类

清明节烈士祭扫、红色足迹感受、模拟法庭、模拟政协、学科专题研究等。

3）家庭单位实践类

本部分主要由寒暑假学生成长资源支撑、以家庭为单位的专题研究活动构成。

4）学生个人综合实践类

本部分主要由双休日成长建议、寒暑假成长资源的要求实践，个人成长实践构成，有阅读、有体验、有交流、有实践。

这类课程有利于强化学生的学习能力，更有利于提升学生终生的学习能力，为学生人生发展奠定坚实的基础。

（五）中学三种课堂类型的确立

课堂改革是教育改革的核心，没有成功的课堂改革就不可能有成功的教育改革。我们基础教育课堂结构化改革经过多年的实践，形成了相对稳定的三课型，即核心知识落实课（预习课）、能力形成探究课（探究课）、落实拓展习题课（习题课）。三种课堂类型不仅是课堂形式的变化，更是课堂思维方式与评价的改变。

课堂结构化改革首先是结构单元的确定。结构单元是指在一个学段内，由具有思维整体性的一个章节、一组章节、一册教材等不同大小的认知单元构成的学习单元。不同的学科结构单元大小不同，共性是追求认知思维的整体性。

根据课程标准、中高考不可或缺性的要求，定位出核心知识。再按照核心知识的核心关键词，相关关键词之间的逻辑关系，建立不同的一级结构。一级结构的关键词还需要深入建构时，用与之相关的关键词及逻辑关系建构对应的二级结构，当二级结构的关键词需要建立三级结构时可依次建立。

结构单元内的核心知识通常由核心概念、核心公式、规范步骤、相关功能、已探究形成的结论等构成。备课组在研究时，组内统一确定，核心知识之外，全部划为了解性知识。核心知识是要求引导学生分二、三级建构，彻底记住建构出来的知识，要求学生阅读或统一补充讲述了解性知识即可。

在结构单元内有几个独立的思维整体就划为几个一级结构，一级结构在建构时可直接给出或引导建构。再依据一级结构的核心点，根据内在的逻辑关系用关键词或关键公式建构出属于本核心的二级结构，如需要建构三级结构时，同理进行建构。

核心知识落实课是研读规范后，要求学生以小组为单位，融入生活经验，即场景化地去内化结构化的知识，为学科活动提供最核心的素材。

知识是用来记忆的，没有严格逻辑要求下的核心知识记忆，就很难为探究课提供必要的探究支撑，也很难形成学生进一步学习的能力。在对一个结构单元内的一、二、三级知识的核心结构场景化时，并不是每一个结构都要场景化，每组只需要实现一两个即可，相互借鉴内化就实现了教学目标。

能力形成探究课即本体系中探究课部分，在教研时，应从问题确定、问题表述、探究支撑、探究回顾、探究组织、探究判断、必修呈现、生成拓展等环节进行研究。

在一个完整的结构单元内探究点来源于能力点。能力点有两个来源：一是从课程标准中剥离出来的能力点，二是在中高考中比较稳定的能力点。并不是所有能力点都需要探究，比方说举例说明等相关表述的能力点，其实在知识建构中就可以完成了。是否构成探究性问题，可从支撑点上进行基本的判断，一般来说一个探究点一定是需要两个或两个以上的二级或三级核心知识作为基本支撑的能力点。如果只需要一个核心知识支撑的能力点，一般不需要单独设立探究点，在核心知识落实过程中就可能顺便完成。

探究性问题在表述上应按照设问的方式进行表述，理科类可借鉴2019年数学高考试题"断臂维纳斯"问题的表述方式，也可用常见试题材料方式进行表述，再设置问题或分层设置问题；文科类通常是先呈现相关的材料，提供场景信息，设置问题或分层设置问题。一般而言，一节课解决一个探究性问题。

探究支撑：为了探究一个相关问题，需要找到支撑本探究核心知识、相关的阅读和相关的生活经验等。核心知识部分要求准确掌握，在探究性问题呈现后，快速进行探究回顾，回顾支撑本探究性问题的核心知识结构。支撑探究性问题的另一方面是阅读，阅读资源一是拓读资源，二是老师补充阅读资源，三是学生手上的其他相关资源。支撑资源的第三个方面是学生的经验，小组内不同学生学习经验是不同的，在交流过程中构成学生探究的又一支撑。

第一步以小组为单位、探究性课堂的组织是探究有效性的保证。在课堂上，老师先给出探究性问题之后立即进入核心知识的回顾，一般在3分钟以内，目的是唤醒、强化核心知识，为探究过程起支撑作用；第二步是预设或随机指定两个小组，一组在前黑板一组在后黑板边讨论边呈现，采用"1-2-2型"的方式进行，老师要强化提示，内容是"科代表组织，两人拿课本并执行书写任务，两人负责资料查询"。每一个指令都要明确。

学生探究进行时，老师首先指导前后黑板的两组；其次是对其他组进行点拨和指导。在探究过程中如发现必要的提示或补充，老师随时可以提醒或补充，原则上以不干扰学生的思维为前提。

第十一章 课程改革:课堂目标的转换及结构化知识体系的确立

课堂的时间是有限的,给学生留出多少时间才是最有效的探究时长,是因问题而定、因学生状态而定的。一般情况是前后黑板的两组在经过老师点拨后,呈现超过 80% 必修结果时,整体已出现 50% 以上结果即可停止。

对小组而言,必修结果一般采用先交流,再各自呈现,在交流规范后形成小组结果,并提出生成性的问题。前后黑板的两组边探究边呈现,最后修改。在学生探究完成后,老师在学生的基础上进行规范、提升。把规范后的结果让学生整理到笔记上。

在探究过程中学生必然会生成一些问题,如果是知识结构的不足问题,老师随时进行简洁补充,如果是研究的延伸性问题,当堂课能解决就现场讲解,拓展多宽都没有问题。拓展目的有两个,一是激发学生对本学科的兴趣,二是快速延伸学生的学科思维。如果没有时间,应告诉学生这些问题将在什么地方找到答案或今后什么时候可能会学习。这种拓展不考虑能否落实。

落实拓展习题课是在前两类课型完成之后进行的。核心知识结构化当中的一级结构,是用来定位的,是老师可以直接给出的,要求学生准确识记或场景化记忆。二、三级结构是用来解决问题的,探究的结果也要整合到知识的二、三级结构当中,要求学生准确识记。能力拓展提升课是指用一级核心知识结构定位后,用单一已掌握的二、三级核心结构知识还不能顺利解决时,还需要调动两个或两个以上的核心知识结构才可能形成一种相对稳定思维流程、总结出相应稳定的解决问题方法步骤的课堂。

从思维方式上看,对每一道需要进行能力拓展建构的试题都应由思维方向、相关知识、相关方法三个思维方向构成。

引导学生定位后,要求学生以组为单位,快速呈现出对应的二、三级核心知识结构,原则上由一个小组到黑板上呈现,老师找出学生理解和建构的偏差,进一步强化核心知识。

在前面两个层次的基础上,每个小组都会有学生对新的问题找到解决问题的灵感或方法,在这个时候老师要进行即时引导,让学生以小组为单位进行约 5 分钟的讨论,整理出对新问题的思维流程和呈现规范。在学生有了初步或比较规范的呈现以后,老师在此基础上快速引导、规范出本问题解决的思维流程和呈现流程。本过程也应由一个或两个小组在前后黑板上呈现。

在三类课型确定之后,随之而来的,便是三类课堂评价的变化。

核心知识落实课的评价有三个层次,第一层次是"五读"在各层次单位时间内的阅读量;第二层次是核心知识结构的建构及落实;第三层次是核心知识结构中,需要长期支撑的部分通过场景化方式进行内化,内化的结果是当相关信息触碰时回顾核心知识的准确率能超过85%。

能力形成探究课的评价有两个评价要点。第一个评价要点是核心知识结构的回顾,这一评价要点是单位时间内完成呈现,原则上不考虑准确性有多高,而是以小组为单位快速校对,通过笔记或课本再强化,起到巩固和提升作用。第二个评价要点是以小组为单位探究交流评价,这一评价有三个评价点,第一评价点是科代表快速分工组织的评价;第二评价点是小组各成员的参与状态,要求100%参与度;第三评价点是探究结果规范记录和落实,规范笔记要求达到100%准确性,落实要求超过90%。

落实拓展习题课从广义上分为单位时间内训练评价(必修)、以小组为单位的讲题评价(晚自习)、新试题模型建构提升课评价。

从狭义上讲,第一个层面是新试题模型建构提升课,该课型的环节评价分为定位环节评价和已落实的核心知识结构、已完成探究结论的准确定位,要求能快速用知识的一级结构准确定位,表述准确;第二个层面是把准确定位的核心知识进行快速回顾的准确性评价;第三个层面是对学生检阅和调动相关资源阅读能力的评价;第四个层面是以小组为单位对新模型建构思维流程的准确性评价;第五个层面是对应思维流程的呈现流程规范性的评价。

为了使大家对三类课型及其评价有更为直观的了解,在此,笔者将对结构化改革下的课型、评价标准和资源体例进行更为细致的说明。我们不妨以一个思维单元为例进行呈现。一个思维单元三类课型的体例,需要由备课组统一。每类课型的内容,可以是由章或多章组成的,也可以是一册书的相关部分,或多册书的相关部分。

某思维单元资源体例

【课程标准要求】

由教材编写组给出(参考教师用书),把本思维单元整合到一起进行研究呈现。

【三年中高考频点】

呈现出三年来中高考的直接或间接要求层级。

【课堂落实目标】

要求用行为动词呈现出课堂底线行为：情感目标、能力目标、知识目标。

【课型课时预设】

设置核心知识落实课、能力形成探究课、落实拓展习题课的课时。

核心知识落实课

目标：掌握核心知识。

- 五读共计使用课时数（含假期完成、早午读、当天作业、课时等时间统一规划）。
  - 一级结构呈现。
  - 确定出二、三级结构的核心关键词。
  - 拓读基本的要求及检查方式。
  - 每一个核心知识结构的境读提示。
  - 抽签要求。
  - 学生课堂境读后的脚本整理。

能力形成探究课

目标：形成能力点对应的思维流程和呈现流程。

【课前知识检测】

把对本探究起支撑作用的二、三级结构知识，用 3 分钟时间以小组为单位进行检测，没有落实的要进行现场强化。

【课堂合作探究】

探究性问题的设置：能力目标以问题化的形式呈现出来。

探究提示举例：

- 导入举例；
- 材料支撑举例（课本、拓读资源、现场给定等）；
- 以处理知识或形成能力的方式举例；
- 学生探究指导举例；
- 老师引导或讲解举例；
- 规范呈现举例。

探究预期结果：_____。

必修：_____。

选修：_____。

【探究结果总结】

把探究结果回归到对应的一、二、三级结构中,回归到知识体系中。

【课内及时评价】

● 体现支撑本探究核心知识结构的简单应用。

● 体现对探究结果的应用。

● 形式可以是选择题、简答题,形式不限,评价内容以5~8分钟完成为准。

● 探究呈现过程包含老师评价、生生评价等。

【课后拓展延伸】

立足对核心知识结构的整体强化、对探究结果的强化,以考试的方式每天的必修任务不得超过25分钟。

【课后老师感悟】

_____。

_____。

_____。

注意：如果一个探究点需要2节或2节以上课时探究,均可在一个体例下完成。

落实拓展习题课

【确定需要讲解试题】

不能用一个结构知识完成的、不能用课堂探究结果完成的试题,需要在习题课上完成研究任务。

【完成每一试题的研究分析】

思维方向：用一级结构的关键词表述,引出对应的二级结构的关键词。

相关知识：让学生以最快的速度以组为单位呈现出相关知识的一、二、三级结构。

相关方法：通过解决问题总结出一类问题的思维流程和操作流程(含总结出的公式及使用的步骤)。

三类课型课堂评议表

核心知识落实课评议表如表 11-1 所示。

表 11-1 核心知识落实评议表

听课时间:	月 日	星期:	第 节	年级	分值
学科		上课老师	授课题目		
1. 知识目标定位(准确/不准确)			(20分)	得分	分
2. 小组核心知识结构化(准确/一般/差)			(20分)	得分	分
3. 学生结构知识落实(大于90%/大于80%/小于80%)			(20分)	得分	分
4. 拓展阅读内容(丰富/不丰富)			(20分)	得分	分
5. 老师结构化规范呈现(到位/一般)			(20分)	得分	分
个人总结表述					

评课人: 　　　　　　　　　　　　　　　　　　　　总分:

能力形成探究课评议表如表 11-2 所示。

表 11-2　能力形成探究课评议表

听课时间：	月　　日　　　星期：	第　节	年级	分值
学科	上课老师　　　　授课题目			
1. 能力目标问题化定位（准确/不准确）	（10分）	得分		分
2. 能力目标问题化呈现（智慧/一般）	（10分）	得分		分
3. 探究问题设置智慧（智慧/准确/一般）	（10分）	得分		分
4. 小组必修结论呈现（到位/一般）	（10分）	得分		分
5. 小组讨论参与率（100%/大于90%/大于80%/小于80%）	（10分）	得分		分
6. 必修结论规范老师讲述（精准/一般）	（20分）	得分		分
7. 生成性问题老师讲述（精准/一般）	（10分）	得分		分
8. 课堂即时检测（准确/一般/不准确）	（10分）	得分		分
9. 学生生成性问题呈现量（完成100%/大于50%/小于50%）	（10分）	得分		分
个人总结表述				

评课人：　　　　　　　　　　　　　　　　　　　　总分：

落实拓展习题课评议表如表 11-3 所示。

表 11-3 落实拓展习题课评议表

听课时间：	月 日	星期：	第 节	年级	分值
学科	上课老师	授课题目			
1. 思维方向定位(准确/一般/不准确)			(10分)	得分	分
2. 结构知识老师规范程度(规范/一般/不规范)			(20分)	得分	分
3. 相关方法总结(准确/一般/没有)			(10分)	得分	分
4. 结构知识学生呈现(准确、快/准确、慢/不准确)			(20分)	得分	分
5. 小组交流学生呈现(积极、丰富/积极、一般/不积极)			(10分)	得分	分
6. 规范方法老师讲解(思路清晰、简洁/思路较清晰,不简洁/一般)			(20分)	得分	分
7. 完成任务的实效性(大于90%/大于80%/小于80%)			(10分)	得分	分
个人总结表述					
评课人：				总分：	

总之,结构化改革首先是教书育人思维的改革,三类课堂只是这种思维变革的外在表现,如果没有内在思维的改变,这三类课堂也只能是形式,所起的作用很小。对应三类课堂评价的变化,是三类课堂落实的基本保证。简单地说,这种改革第一目的是加强学科核心素养的建构,第二目的是减轻负担以促进学生综合能力形成。

(六)小学课堂体系的改革

小学学段是人生树立正确价值观、积累知识、形成诸多基本能力的关键学段。小学学段是各科基础中的基础:第一,应通过基本的积累过程,让学生形成对学科的整体认知;第二,通过各种实践活动形成学生的对应基本能力;第三,通过各种体验形成学生的正确价值观。

从文化的角度入手,以能力形成为目标,在小学学段以课程为载体,建构出结构化认知构架。

为落实学生语文听、说、读、写的终生能力,我们对**语文课程**教学结构化做出相关改革。小学语文课程可以分为国学经典(哲学思维和知识积累)、书法(毛笔、铅笔、钢笔)、基本认知的建构。

基本认知课堂又可分为观察活动(每日一观察,每周一整体观察)、观察表述(把每天观察的情况表述出来)和观察认知类型举例(立足点上进行)、观察模型。

其中,观察认知类型将涉猎自然类——水类(河水、海水、湖水)、植物类(叶、花、果实或种子)、动物类(外形、行为)等;用品类——餐具类、卫生用具类、衣物类等;交通工具类——家用小车、公交车类等;建筑类——公路、人行道、房屋等;用具类——维修用具类、乐器类、体育器材类、书、作业本等。认知顺序可根据学生的发展。

而观察模型具体将涉及看什么(以小组或班级统一给定)、是什么、为什么、想象什么四个方面。观察用时15分钟,观察后学生用三句话表述出来,老师对其进行评价,并保存,在学生能书写时把录音转化成文本。在表述中,相应的要求可有层次区分:第一层要求为"表达流畅",第二层要求为"表达清楚",第三层要求为"能够调动积累的词或句表达",第四层要求为"能够准确调动积累的词或句表达",第五层要求为"能够创新性调动积累的词或句精彩表达"。

为实现学生数学能力快速提升,达到减负的目的,我们小学**数学课程**教学结构化的相关改革具体体现在以下几个方面:核心知识(数学书写、数学概念)、数学计算(以天道数学为核心展开结构化研究)、数学能力。其中,数学能力将在活动中锻炼而成。我们已与天道数学研究专家孙映柏先生合作开发了体系化学具,让小学生在玩中学,在玩中思,在玩中形成能力。

外语课程教学结构化改革体系主要涉及四年级以前以活动方式训练听、说能力;四年级以后训练书写能力。

其他学科教学结构化改革体系依据不同学科特点而定。科学课程创新的目的在于培养学生的科学精神和创新思维;体育学科的改革目的在于将以中国武术、游泳、球类等为突破口,使学生拥有体育兴趣、形成体育审美、形成两项或超强一项终生体育爱好;艺术类课程的改革目的在于使学生形成音乐美术类兴趣、形成音乐美术类审美、养成两项或超强一项终生艺术爱好。

小学**选修课程改革**的目的在于强化学生的爱好、释放学生的天性、形成学生的特色。这些课程源于学校课程的延伸、地方课程的开发和文化经典的继承。

这种整体化课程构架,通过行为评价的方式,在小学学段可以实现儿童的健康成长。在全面改革的过程中,可以明确测量出学生整体快速提升。

(七)学科活动境读的年级展示的改革

每一个学科都有自己特有的魅力,这就是一个学科的学科性,即学科文化。学科知识可以通过阅读、记忆去了解,但文化理解,是建立在能力形成基础上实现的审美过程。学科活动是学科兴趣持续性保持的平台、是学科知识和方法内化的载体、是学科情感价值观提升的抓手、是学科综合能力真正形成的基础、是学科潜能发掘的窗口、是学生平时作业可做减法而成绩优异的一道有力的保证。

学科活动是基于本学期所学的最核心知识的内化平台,其目的是让学生用活动化的形式记住核心知识,并整合到自己的知识系统中的知识建构过程。要求通过活动把本学科知识就某一点切入与生活或现实情境融为一体,体会本学科知识真正的价值,感受本学科之美,激发对本学科的学习兴趣。

学科活动要求把本学期或规划内容范围内的核心知识在结构化基础上,学生通过自己的生活经验,创造出适合自己生活化的方式、特有的逻辑过程,选择出生动的语言或其他方式场景化呈现出来并内化知识的过程。这一过程具有以下的价值。

创造性:呈现过程的基础一定是以小组为单位,以学生的思维创造性为基础的,呈现方式多元化。

突破性:成为学科活动的内容,一定是学生难以内化、难以长久记忆的核心知识、易错点部分等内容,通过活动的方式取得一定程度的突破。

趣味性:在呈现手段上,一定有趣味性,通过这种交流性呈现出来,学生更容易通过体验获得对知识的理解并产生浓厚的学科兴趣。

激发性:通过学生的体验过程,唤醒学生对本学科的原认知,激发学生对本学科内容的探究兴趣,达到对本学科提升认知的目的。

指引性:通过某一点入手,总结出这一学科学习的逻辑脉络,迁移到本学科其他核心知识的识记和应用上。

类比性:每组只需要完成一个结构化核心知识的活动化呈现,其他结构化核心知识通过其他小组的活动化呈现,通过类比就能快速掌握。

然而在学科活动中,常常存在这样的误区:没有前期学生创造过程,只有最后的活动呈现形式;呈现过程大多是已有能力的竞技性呈现,而不是通过活动形成能力的过程;形式上显得热闹,但活动的目的性不明显。

实际上,我们需要的学科活动,即是每一个核心知识都需要通过活动的方式内化,在日常内化知识的活动中遴选出精彩的呈现方式,以年级为单位再集中展示,达到相互借鉴、快速、持久、准确内化知识的目的,为探究提供强大的知识支撑。

基于此,学科活动可以在以下的组织和流程基础上完成。

1. 组织单位及检查机构

1)组织单位

- 学科策划单位:各学科教研组。
- 任务:建立核心组,系统策划出各学期的核心内容和主要方式。
- 目标:形成核心内容的稳定呈现方式,形成基本呈现方式的经典内容。
- 评价:作为备课组的基本评价条件之一。

2）落实单位

备课组、学科老师。

3）每学期的具体内容

本学期核心知识和核心方法。

4）管理评价部门

教务处。

5）活动协调、组织、检查部门

教务处、政教处、团委、年级组。

2. 活动类型

境读课(常态)、每学期在年级层面的优秀作品集中展示。

3. 操作流程

● 开学第一周上报本年级本学期学科活动的整体安排、决赛时间。

● 印发本学期学科活动具体知识和方法,并下发到各小组(第二周前完成,应附相关要求)。

● 确定班级学科活动的组织形式(以小组为基本单位,全员参与)和开展时间(备课应统一时间,建议在开学后第三个月的中旬左右)。

● 提前两周上报以年级为单位决赛的形式和大致时间(建议放在预习课结束)。

4. 活动特点

● 为备考服务。

● 学生参与的全员性。

● 学生呈现方式的创造性。

5. 其他方式

● 阅读、书法、体验式作文活动等语文学科活动。

● 数学的考试型竞赛活动。

● 不同学科在相关节日的展板展示作为核心学科活动的补充。

● 体育节、艺术节、科技节等全员参与的展示活动既是教育活动,也是学科活动。

（八）选修课程改革

选修课程是为了满足不同学生的不同兴趣而设计的课程体系,其目的是实现不同学生的个性化成长,让学生在爱好中唤醒自己求知的欲望。

必修课程和选修课程的设置是国家教育改革中的一个亮点,是为了解决新课改中面向全体学生和张扬个性而提出来的。我们教改体系下的小学选修课程是指必修课程的延伸课程,是体育、音乐、美术、计算机等专项训练课程,传承地方文化等相关的地方或校本课程体系的统称。初中必修课程是指国家规定的课程内容,选修课程是指结合学校的实际,为了学生终生的发展,更是让学生一天得到释放而开设的各种类型的选修课程。高中必修课程是各种国家规定的必修内容,也是高中结业水平考试的范围。高中选修课程由两部分组成,一部分是国家高考规定的选修课程,另一部分是结合学校的实际,为了学生终生的发展,更是让学生一天得到释放而开设的各种类型的选修课程。

但不论是初中还是高中,不论是什么学科,每一节课都由必修内容和选修内容组成。语文、数学、外语、物理、化学、生物、政治、历史、地理等学科每一节课的必修内容是指课程标准的要求、中高考的要求、本课课时承担的能力层次要求而确定下来的了解什么、记住什么、理解什么、形成什么,这些构成一个课时的必修内容,不人为地延伸,但要求是每一个学生100%的掌握。同时把必修部分再细化到学生一课时完成后达到什么样的衡量标准,即了解、记忆、理解、能力基本目标(以上四个维度作为本学期备课的一个具体目标呈现出来)。

一节课的选修内容是根据老师的经验,在达成必修目标时可能出现的各种生成性问题。例如,在达成了解目标时学生生成了本节必修课程之外的也是中高考必须完成的知识、能力,我们在课堂上的发现也就达到水到渠成的地步,应及时引导,因为这是一个不确定性的问题,在资源研发过程中要做出比较充分的预设。选修内容可以完成也可以不完成,一切都要因课堂生成而确定。它具有随机性和多可能性的特点。

必修作业是为了巩固这一课时形成的基本知识、基本方法和基本能力而设置的作业,是保证本学科平均成绩达到80%而设置的难度和量,也是保证所有学生平均在25分钟以考试的方式能完成的内容。

选修作业是在必修课程的基础上更灵活地应用基础知识,以不同的层次让学生量力而行,进而选择性地完成的作业。选修作业的完成完全是学生兴趣和自愿,但各班应定期进行学科内统计,不进行排名。

体育、音乐、美术、计算机等课程的必选修与其他科目有所不同。其一节课的必修内容是国家规定完成的部分,达到了解、能看懂、能完成基本的操作。一节课的选修内容可拿出 10 到 15 分钟让学生去选择自己喜欢的内容,必选修综合评价为最终评价方式。

在我们的教育教学改革过程中,选修课程也形成了一定的要求:学生全员参与,保证课堂时间,课堂学生人人动起来,每个学生一学期要对自己的作品展示,老师要有整体规划、有教案,真正形成学生的终生爱好。

1. 选修课程的层次
- 基础层次:全员、参与、释放、爱好、展示。
- 专业层次:部分成员、爱好、研究、专业提升、表演、比赛。

2. 选修课程的管理
- 学校管理:教务处、政教处。
- 学生管理:任课老师、班主任。
- 评价方式:日常综合管理占 50%,作品展示占 50%。
- 外请专业老师管理:遵守学校相关制度。
- 纪律要求:与课堂相同。

3. 选修课程的考核

每学期学校用一天时间对各种选修课程进行集体汇报展示。

(九)教改过程中老师行为的转换

在上文中,我们梳理了课堂目标的转换、中学学段课堂的改革、小学学段课堂的改革、学科活动及选修课程的改革。在此背景下,老师的身份和行为也应当有所转变。

新课堂是指任课老师在对结构单元内容以备课组为单位进行知识和能力剥离后,再明确提炼出哪些是核心知识,哪些是核心能力的充分研究基础上进行有效学习的课堂。在这种课堂上,老师充分完成导演这一角色的定位,当然导演也是演员,只不过这时的演员也是为导演服务的。所以,"团队型五人小组"结构化课堂老师行为转换可能会涉及设问的转换、落实的转换、眼神的转换、对象的转换、检查的转换、提示语的转换、回答方式的转换等。

设问是一堂课不可缺少的环节。在班级教学中,如果没有设问,教学可能是低效的。但传统的课堂设问更多是预设好的问题串,大多数面对单个学生进行发问,这样的设问往往是老师问完就会有个别学生可以实现回答,这样的课堂往往会出现"是"还是"不是"的回答方式,就是全班回答,问题的本身大多不具备思考价值,只是储备知识的再现,所以,大多时候看似很热闹的课堂,实则对学生思维提升效果不大。

"团队型五人小组"结构化课堂的设问,第一是考虑学生思维的整体性和思考问题的系统性;第二是思维的可支撑性,是指每一节课老师要研究学生思考时所需要的知识储备;第三是可引导性;第四是时间的可控性。这种设问要求学生形成必须通过回顾、查阅、交流才可能快速形成正确的思维路径,进而才可能形成规范的呈现方式。这种设问的对象是小组,不再是个人,如遇管理能力很强的学生,引导他在组内快速达成共识。

"团队型五人小组"结构化课堂的落实分为即时性落实和巩固性落实两种。即时性落实是指三类课堂中要求结构化并场景化的内容、探究结果总结、试题课中的相关方法得出后的整理与内化等内容的当场落实;巩固性落实是指场景化过程、探究时回顾过程、习题课中的相关知识回顾等的落实。不论哪种落实,落实单位是小组,落实方式是生活化表达或单位时间书写呈现。落实的要求分为"不可出错的核心知识结构的呈现"和"能说出相关逻辑即可"两种类型。

课堂上老师的眼神关系到老师课堂的调动、管理课堂等多信息传递过程。在班级教学制的课堂上老师的眼神其实是一把管理课堂的"探测仪",一个优秀的老师,通过眼神让学生把注意力集中到课堂之上,让每一个学生都能产生老师在关注他的感觉。能让每一个学生都能产生被关注的老师是不多的,而"团队型五人小组"结构化课堂,只需要老师把眼神调整到对每一个组关注,这样的转换相当于老师在课堂上眼神可以关注到9个人即可,一般老师都是可以做到的,这样就可以实现人人被调动的效果。

班级教学形成以来,大都形成了一种共识,授课老师大都把课堂定位到适应班级中间三分之一,兼顾到两头,共同促进班级的发展。班级教学自然形成了尖子生吃不饱,后三分之一跟不上的问题,这也是班级教学制不可解决的难题。

"团队型五人小组"结构化课堂在设计上关注的对象是小组,小组建设时采用的是组间同质、组内异质平行建组机制。课堂教学立足对象是小组,以小组为单位落实知识、落实能力,在这一对象转换中就实现了课堂研究的兜底思维,通过兜底,以小组为单位去实现拔尖,因为引领者永远都是知道最多、想得最多的人,这一转换也实现了本改革的课堂目标"兜住底线、促进分化"。

班级教学的检查最常见的方式是对布置作业的批改,通过批改作业去检查课堂任务的完成情况,由于老师的工作量及相关原因,不可能做到及时性反馈,也难以达到检测完成的真实性和时效性。

"团队型五人小组"结构化课堂的主要检查权在小组的科代表,完成任务是单位时间可以实现检查的及时性,组内批改可以快速解决出现的问题,把组内解决不了的问题传给老师统一解决,既实现了即时评价,也实现了评价的真实性。老师通过抽查方式来检查小组落实的情况,这样既有效落实了学习任务,也为老师的教研腾出了大量的时间。

课堂的提示语即是课堂的一种组织管理性语言,通过提示语可以实现课堂进程的调控。"团队型五人小组"结构化课堂提示语主要是针对小组进行的。例如,在核心知识落实课上,通常用"请科代表组织本组开始阅读,请科代表组织本组进行讨论,请科代表组织本组进行场景化记忆"等方式,一切都以小组为单位进行提示性指令。

学生回答问题通常是"我认为……"或"我的观点是……",这类回答通常是学生大脑中已具备知识再现的过程,比拼的是学生各自的积累,而不是课堂学生通过思维碰撞后的加工。"团队型五人小组"结构化课堂回答通常是"我组经过讨论后认为……"或"我们小组的观点是……",表面上看是回答问题的表述词变化,实则是回答问题的加工方式发生了变化,这种加工方式发生的变化从本质上看是学生课堂思维方式的改变。

总之,"团队型五人小组"结构化课堂从以上几个方面发生变化的前后,是老师思维方式的改变,只有思维方式发生改变才能促进基础教育育人方式的改变,这种改变必然引起学生思维方式的改变。

第十二章　评价改革：评价方向的调整及细则的制定

评价是指评价者对评价对象的各个方面，根据评价标注进行量化和非量化的测量过程，最终得出一个可靠的并且有逻辑的结论。它是一个运用标准对事物的准确性、时效性、经济性及满意度等方面进行评估的过程。

评价是基础教育改革的深水区，评价对基础教育而言是一个高风险区，稍有不慎就会影响到学生的一生发展方向。因此，教育评价理论较多，目前系统性的基础教育评价体系还很难见到。在基础教育评价体系中常见的评价都是基于评价要求下的指标评价。

（一）现行基础教育评价简介

1. 常见教育评价类型

教育评价的种类很多，如果按评价范围划分，可分为宏观评价、中观评价、微观评价；如果按照评价基准划分，可分为相对评价、绝对评价、个体内差异评价；如果按照评价层次划分，可分为分析评价、综合评价；如果按照评价主体划分，可分为自我评价、他人评价；如果按照评价功能划分，可分为诊断性评价、形成性评价、总结性评价；如果按照评价中是否采用数量化方法划分，可分为数量化评价、非数量化评价等。

2. 现行教育评价的基本原则

不论哪种现行教育评价都遵守着方向性原则、可行性原则、可比性原则、全面性原则、目的性原则、客观性和主观能动性相结合的原则、定量评价和定性评价相结合的原则、静态评价和动态评价相结合的原则、单项评价和综合评价相结合的原则、评价和指导相结合的原则。

在现行评价原则的构架下，很多地方是靠主观完成相应的判断，因此，有些评价指标也是无法进行判断的，这也许是某些评价存在"指标很完美，操作靠感觉"的无奈的原因之一。

3. 现行教育评价的特点

基于现行教育评价原则,现行教育评价尽管尽力完善,但总体上也是围绕基本原则设置出来的,所以现行教育评价由于评价操作方法而无法实现全面客观的评价,就体现出了以下特点:在评价的目的上,强调促进教育的发展;在评价的过程上,注重自评方法的应用;在评价的方法上,重视定性与定量的结合;在评价的内容上,重视立体评价和全面评价;在对待评价的结果上,重视全面的解释和慎重的处理;在评价的手段上,强调科技与智能化;在评价的目标上,实行多元化与整合化;在评价的取向上,注重个性与差异性等。

4. 现行教育评价难落实的问题根源

现行教育评价可归结为指标评价,指标有多复杂,评价操作就有多繁杂。指标是基于评价原则制定的,所以评价操作在落实时就必然出现不能保证评价的客观性,也不能保证评价的定量性,当然就出现部分指标的不可评价性,在一线教师看来,就会出现为评价而评价的现象,究其根本原因,就是把指标要求和评价操作混为一谈,指标要求即是操作评价标准,这在育人方向必然会出现非黑即白及模棱两可的问题。

(二) 多模态行为评价体系

我校在研究中独立开发出基础教育多模态行为评价操作平台。基础教育质量 AI 多元立体评价体系是指评价指标行为化、行为指标独立化、独立指标结构化、评价方向任意化的一套可立足在学生成长过程不同阶段的教育要求,立足在学生行为状态可观察的测量基础上自由搭建的评价体系。

本套体系最大的特点是把指标体系和测量体系分开,任何教育指标体系都可以转化为教育行为评价的操作体系,只要把指标转化为操作体系,就能直接进入多模态行为评价智能检测。

1. 行为评价操作体系总体特点

教育作用于学生后,学生在成长过程中总会表现出一定的行为特征。在评价中我们只要观察相应的行为特征,就可以判断出教育对个体的作用。这种评价手段总体上体现出以下特点:评价总体的简约性、评价过程的包容性、评价对象的直观性、优秀层次的多元性、综合分析的任意搭建性等。

1) 评价操作的简约性

作为每一个教育过程都应该有对应的评价,如果操作复杂,再好的评价都难以落地。行为评价操作系统在终端只需要观察两个方面,即问题行为和奖励端就可以了。操作时的工作量较小,容易普及。

2) 评价过程的包容性

在人的成长过程中,有很长的过程可能都在量变的过程中,这个过程如果得到肯定,学生就会产生获得感,也会给学生成长提供一个包容性,一旦包容性空间出现,学生的成长压力就会减小,学生不会为眼前的某一时间内某一目标能否实现而焦虑,更有利于学生身心健康。学生行为评价系统在评价过程中,只评价问题端和奖励端,其他部分也划在优秀层次,只是优秀的层次不同。

3) 评价对象的直观性

在评价过程中不论是学生成长中出现的问题,还是达到了奖励端,对评价者观察评价对象的行为时,都是明显的,这种测量方式某种程度上减少了倾向性,实现了最大程度的公平性。

4) 优秀层次的多元性

对于人的成长,优秀本身就是多元的,可以是综合的也可以是某一方面的,不论哪个方面有过人之处,都是人才。在学生成长过程中,如果不能全方位地保护每一个学生,都可能对人的成长是一种不公平或造成人才成长的损失。

行为评价认为在某个评价领域的某个基本行为出现时,将其视为通过要求,用这种方式保护专才的成长。例如,音乐有一长即可认定本领域各方面通过,美术、体育等学科同理。

2. 系统多模态动态评价特点

系统多模态是指每出现一种行为,系统都可以为该可测量的行为增添对应的终端,每一个终端都可以根据评价需要进行搭建,形成某阶段的系统评价结构。每一种行为在整个评价中的比例也可以根据某一学校某一学段的具体特点进行调整。优秀的层次性也可以根据某一学校的办学特点进行相应的调整。

★例1 西安铁一中陆港学校多模态行为评价系统结构。

【个人层级评价】

● 顶级层级:风华青年/风华少年。

● 卓越层级:担当精神(责任、荣誉)、自由品质(程序、个性)、创业能力(潜能、合作、创新)。
- 标兵层级：德(崇德)、智(尚智)、体(强体)、美(博艺)、劳(笃行)、合作、创新。
- 月度层级：月度之星、月度小组、月度抽讲、月考等。
- 周层级：分享、国旗下讲话、各种颁奖。

【集体层级评价】
- 优秀班级。
- 优秀部门。
- 优秀年级。

★例2　优秀班集体评价多模态构架案例。

【德育评价】

此部分占60%，具体如下。
- 月巡：10%。
- 流动红旗：5%。
- 班级行为：5%。
- 心理健康：5%。
- 活动评价：10%。
- 早操、课间操：5%。
- 年级体育：5%。
- 公寓：5%。
- 问题学生转化：10%。

【教学评价】

此部分占40%，具体如下。
- 过程性评价：15%。
- 结果性评价：25%。

★例3　德育评价中热爱集体标准及行为操作评价标准案例。

标准：国家标准或依据国家标准学校另行制定。

行为评价操作标准如下。
- 评价起始标准计100分。
- 升旗中如出现不妥行为，出现有辱小组、学校、国家标志的行为。每次扣5分。

- 出现无理由不服从小组管理、班级管理的行为,每次扣 2 分。
- 为集体(小组、班级、学校、家庭、社会)主动履行职责(例如,离开教室主动关灯,物品损坏及时向老师报告),获得奖励。班级行为每次奖 1 分,学校行为每次奖 2 分,区级行为每次奖 3 分,市级行为每次奖 4 分,省级行为每次奖 5 分,国家级行为每次奖 6 分。

(三) 现行指标评价和多模态行为评价的比较

在改革的早期进行了大量的评价研究,但相关的评价研究还停留在现行指标评价的理论指导下完成的研究,在当时改革中虽然起到了一定的作用,由于操作较为复杂,最后的落实情况并不太好。

例如,团队型五人小组能力形成探究课的课堂评价。

1. 标准

准时进入小组,并进行如下课前准备。
- 科代表组织到位。
- 讨论能围绕主题有效展开。
- 能形成方向性的结论。
- 有生成性的问题。
- 结论能规范记录。

2. 指标评价量表(小组周探究课)

指标评价量表如表 12-1 所示。

表 12-1 指标评价量表

第 组科代表	科目	年级	班级	组	周
探究课 月　日	1. 课堂探究组织,"参与"态度是否积极				
科代表	2. 讨论过程是否规范				

续表

第 组科代表	科目	年级	班级	组	周
大科代表	3. 探究成果是否出现				
	4. 有无生成性问题				
	5. 记录是否规范				

标准如下。

- 编号是每组 5 人各自编号。
- 表 12-1 中,第 1 项为"是"则不评价,为"否"(由科代表和组长认定或任课老师认定,被认定的学生可以在课后申辩)则得 1A;第 2 项为"是"则得 2A,为"否"则不评价;第 3 项为"是"则整组得 3A,为"否"则不评价(由老师界定,大科代表);第 4 项,若本组在听取其他组观点后有新的观点产生,小组交流后呈现出来的观点得到认定则本组得 A,若某同学产生生成性问题,得到老师的充分肯定,则该同学得 2A;第 5 项为"否"则酌情提醒或得 A(由科代表和组长共同认定,被认定的同学可以在课后到老师处申诉),为"是"则不评价。
- 组科代表负责,凡某项得 A 的同学要求其在 24 小时之内完善,否则扣德育量化分 1 分(不管其有几个 A 没有完善最多扣 1 分),如此无限有规律循环复查,直到其全部完善,如其 30 天不完善则每天扣 1 分,共 30 分,但要求必须在每次扣分后要温和、准确地通知该同学,以达到提醒的目的。总科代表推后一个课时依据组科代表的检查结果抽查 3 个组,如有问题则属于组科代表失职,扣其与所查组员德育分 1 分。若组科代表一周内无失职则加 1 分。注意:每次扣分绝不超过 1 分。
- 总科代表在登记、处理完扣加分后,必须在每周三将此表上交到老师处核查,没交的组科代表扣 1 分,一天一循环扣分提醒。注意:每 2 个 A 换算德育分为 1 分。

3. 行为评价操作量表及标准

探究课小组课堂评价表如表 12-2 所示。

表 12-2　探究课小组课堂评价表

第　　组科代表	科目	年级	班级	组	周
	成员	奖励	扣分	签字	
探究课					
科代表					
大科代表					

标准如下：

- 每人基础分为 100 分，每月的德育量化对应按 5% 计算。
- 每出现一项不符合标准，组员扣 2 分，科代表扣 3 分。
- 组长和科代表本组本周无一人扣分，本组组长和科代表各奖励 3 分，成员奖励 1 分。
- 生成性问题或结论得到老师肯定，并全班推广，每次每人奖励 1 分。

4. 实践中比较

在评价实践中发现，任何一种评价标准制定出来后，都能以行为出现为对象制定出相关的行为操作标准，在实践中发现这种操作标准具有高度操作简约性和所有标准均可量化的特点。

（四）评价方向的改革

伴随着"团队型五人小组结构化"改革的进程，评价改革始终作为改革的重点，从开始个人评价机制到以五人小组为单位的评价机制，从分数排位到位序分段评价，从指标直接评价到行为操作评价，一转眼走过了十年的路程。

1. 奖学金评价

- 遵守学校各项基本制度的要求。

- 以小组为单位个人成绩计 80%，小组平均成绩计 20%，相加构成自己的总成绩。

2. 考试位序评价
- 无论是学科还是总成绩都以 3 分为一个位段进行排位评价。
- 对学生公布分数都以换算后分数和位段公布。
- 原始分数只对学生本人，任何班主任和任课老师都不得把学生的原始成绩公开发布。
- 同学科老师也对学科成绩进行同层次分段评价。

3. 抽检评价
- 目的：检查每周学习内容的三基问题。
- 时间：每日上午第四节后用 15 分钟进行抽检。
- 组织：教务处、政教处、年级组。
- 程序：出题、抽组、检测、阅卷、统分、公示、反思、颁奖、分享等环节。

4. 老师学期综合评价及学生阶段综合评价

学校明星老师调整如表 12-3 所示。

表 12-3　明星老师称号调整表

西安铁一中学校原明星老师的名称	西安铁一中滨河学校明星老师的名称
讲课最生动的老师	调动学生思维最有效的老师
板书最好的老师	指导反思最合理的老师
课堂秩序最好的老师	课堂指导小组展示最科学的老师
多媒体教学用具使用最好的老师	班级小组建设做得最好的老师
最关心爱护学生的老师	最关心爱护学生的老师
知识最渊博的老师	教学资源研发最有引领作用的学科（团队）
批改作业最认真的老师	作业落实最有效的老师
早读辅导最认真的老师	早午读指导最有激情的老师
课外活动开展最好的老师	选修课程最受欢迎的老师
批评教育方法最得当的老师	批评教育方法最得当的老师

班级校园之星如表 12-4 所示。

表 12-4　班级校园之星统计表

初、高_____班　　　　　　　　　　　　　　　　　　　　年　月

序　号	星　名	星　主	备　注
1	遵规守纪之星		
2	热爱集体之星		
3	作业反馈之星		
4	每日反思之星		
5	诚实守信之星		
6	热爱劳动之星		
7	组长管理之星		
8	学科代表之星		
9	热心公益之星		
10	勤思进取之星		
评星组长		班主任	

说明与要求如下。

- 学生个人可自荐,也可推荐他人。
- 班级可以组织评星小组或由班委会兼任。
- 评星可选学生突出的一点,可以月月连评,要"星光灿烂",光影一片。
- 评出后在校园张榜公告表彰。

5. 课堂评价

- 基本原则:学生思维是否打开,规范的基本呈现是否形成。
- 各种基本评价类型:早午读评价、三类课堂评价、三类课堂展示课评价(量表见表 12-1 和表 12-2)。

附录 A 教改理论依据

（一）凯勒计划

凯勒计划(Keller plan)又称为个人化系统教学法(personalized system of instruction)，因美国心理学家 Keller 倡导而得名。在理论上，凯勒计划基于斯金纳操作性条件反射作用的原理；在实践中，其采取了掌握学习的原则。

凯勒计划的基本程序如下。

- 先将教材分为多个小单元，并制定出单元目标。
- 学生按照自己的步调学习，然后参加单元测试，测试后让学生立刻获知结果，从反馈中获得强化。若80％及格，则开始下一单元的学习。
- 领悟较快的学生可以充当辅导员角色，帮助没有通过考试的学生学习，带动他们赶上进度。
- 各单元测试结束后，其单元成绩之和即为期末成绩。
- 教学全程以学生自学辅导为主，老师少讲解，利用更多时间讨论教学方法和鼓励学生学习。

这一理论帮助人们了解学习上如何分析教育教学情境，怎样配合教材的不同单元设计教学进度，从而循序渐进地达到教学目标。

（二）班杜拉的观察学习理论

学生自律行为养成的心路历程：自我观察—自我评价—自我强化。

自我观察：是指个人对自己所作所为的观察，即了解和反省自己的行为。例如，让学生记录自己的不良行为。

自我评价：在自我观察之后，按照自己所定的行为标准评判自己的行为。这种评判标准是从榜样身上获得的，从而以替代学习的方式建立起自己的行为准则和判断标准。

自我强化：个人按照自己所确定的标准评判自己的行为后，在心理上对自己的行为进行奖励和惩罚。这一过程,是学生养成自律行为的重要心路历程。

(三)皮亚杰认知发展理论

皮亚杰的思想具有系统性和整体性,他相信宇宙间的万事万物都是一个统一体,社会的和自然的、有生命的和无生命的、实体的和观念的皆存在这一统一体之中。皮亚杰在批判地总结经验论和唯理论之争的基础上,用建构的观点解释了人的认识的发生和发展,深入探讨了主体认识过程的具体机制。皮亚杰把认识过程主要区分为图式、同化、顺应、平衡和自我调节五个环节。具体如图A-1所示。

同化、顺应　同化、顺应
遗传获得的图式 —— 第一图式 —— 第二图式 ……
自我调节
打破平衡 —— 平衡 —— 打破平衡 —— 新的平衡……

图 A-1　认知过程简图

皮亚杰认为,认识的起点是图式。所谓图式是指"动作的结构或组织,这些动作在同样或类似的环境中由于重复引起迁移或概括"。皮亚杰认为,"任何图式都没有清晰的开端,它总是根据连续的分化,从较早的图式系列中产生出来,而较早的图式系列又可以在最初的反射或本能的运动中追溯它的渊源。"因此,人的认识图式不是一成不变的,它有发生和发展的过程。主体所具有的第一个图式是遗传获得的图式。以这一图式为依据,幼儿不断和客观外界发生相互作用,在这种相互作用中,非遗传的后天图式逐渐从低级阶段向高级阶段发展,这也就是图式的建构过程。

图式发展的根本原因在于主体和客体的相互作用,其中主体的作用至关重要。皮亚杰说:"每一个图式的内容,一部分依赖环境,一部分依赖它们所依附的客体和事件。但是无论如何不能说明它的形式和作用能够不依赖内在的因素。"这表明,任何图式都是机体与环境、主体与客体相互作用的结果。脱离客体,图式就是空洞的形式;脱离主体,客体就无法说明。图式不能脱离"内在的因素"表明,认识离不开主体的能动作用,离开了主体,客体就永远不能被认识,主体能力的内在机制就是主体的认识图式对外来信息的同化。

主客体的相互作用是通过主体的内在机能——同化和顺应表现出来的。

同化是"刺激输入的过滤改变"。这表明认识过程中主体改造客体的过程,即"同化于己"的内化过程。顺应是"内部图式的改变,以适应现实"。这表明在客体作用下主体得到改造的过程,即"顺己于物"的外化过程。

同化和顺应的相互作用需要达到某种平衡,也就是主体较为客观地再建客体,客体符合主体结果的状态。同化和顺应达到某种平衡以后并不是一劳永逸的,主体和客体的相互作用仍在继续,同化和顺应的机制还要不断地发挥作用。因此,"从心理上的解释来讲,主要的不是把平衡当作一种状态,而是当作一个现实的平衡过程。平衡状态只是平衡过程的一个结果,而过程本身则有较大的价值。"同化和顺应每获得一次平衡,认识图式就会随之更新。随着同化和顺应从平衡到打破平衡再到新的平衡的建立、发展,认识图式也会由简单到复杂。"这些连续的心理结构可以视为许多继续前进的平衡形式,而每一平衡形式都在前一平衡形式之上又前进一步"。平衡过程体现了人认识能力从低级向高级的发展。

另外,同化和顺应要达到平衡需要主体的自我调节。皮亚杰认为自我调节"是一种认知水平的重新组织"。"这种重新组织是儿童能够控制的一种自动调节过程。"他认为,"在人类动作的水平上,甚至在逻辑运算的水平上,都有类似的自我调节机制。"即主体对自身的认识活动能够进行调节与控制,而且自我调节存在于个体发展的整个过程,对同化和顺应进行调节使其达到平衡,从而使主体与环境获得平衡。

总之,同化、顺应、自我调节共同发挥作用,使机体与环境不断获得平衡,促进个体心理不断由低级向高级发展。

皮亚杰的理论观点为教育心理学向认知范式的转化做出了不可磨灭的贡献,为教育心理学的认知革命奠定了基础。皮亚杰对教育心理学的贡献是巨大的,具体如下。

第一,注意学生认知能力的发展与培养。传统的教育观十分强调学生知识的获得,把知识获得的数量作为教育结果的评价标准。而皮亚杰则认为,教育的最高目标是具有逻辑推理能力和掌握复杂抽象概念的能力。教学最为紧要的是刺激学生认知能力的发展。为此,皮亚杰曾对儿童的认知发展过程做过深入的探索研究,以便使自己的教育理论与儿童认知发展水平相适应并促进其发展。皮亚杰所进行的教育改革、课程改革试验也都是围绕着这种观点展开的。

第二，认为学习是一种积极主动的建构过程。皮亚杰十分强调学生积极主动的学习，反对传统教学中，老师采用注入式教学，学生被动地吸收教学知识的学习方式。皮亚杰所主张的活动教学可以说是这种学习观点的充分体现，在这种教学中，老师是学生的促进者，学生的学习是一种主动积极、不断建构认知和知识结构的过程。

第三，强调学生认知发展的年龄特征。皮亚杰提倡"学习从属于发展"的观点，认为教育是从属于受教育者的发展水平，学生的认知发展水平决定着教育的步调。教材的安排要考虑到学生认知发展的年龄特征，皮亚杰曾对儿童认知发展四个阶段的特征进行了详细的论述，而且这些论述可以说是前无古人，后无来者，见解独到，令人叹为观止。这为我们采用有效的教学方法，因材施教，促进学生认知的发展提供了理论依据。

第四，重视活动在儿童认知发展中的重要作用。皮亚杰的理论十分重视活动在儿童认知发展中的作用，把活动看成是儿童主体作用于客体的中介桥梁；只有通过活动，儿童才能了解周围的世界，掌握真正的知识，发展自己的认知能力。为此，皮亚杰还专门提出了活动教学的理论观点，主张让学生通过思考内部、外部操作运算活动，理解事物及所学的内容。活动在皮亚杰的理论中是一个核心概念。如他的认知建构理论强调认知是一种主动的建构过程，他的认知发展阶段是以不同的活动运算形式进行划分的等。

皮亚杰对教育心理学的贡献还有很多，以上只是其中的几个方面。

（四）布鲁纳认知结构学习理论

布鲁纳没有提出过一种真正成体系的学习理论，但在他的著作中，布鲁纳对学习的主要问题提出了自己的观点。笔者将他对学习过程和本质、学习动机、儿童认知发展阶段、发现学习等的认识，进行了详细的论述。

1. 关于知识学习的本质和过程

布鲁纳认为，学习的本质是一个人把同类事物联系起来，并把它们组织成赋予它们意义的结构。知识的学习就是在学生的头脑中形成一定的知识结构，这种知识结构是由学科知识中的基本概念、基本思想或原理组成的。知识结构的结构形式是通过人的编码系统的编码方式构成的，并可通过三种再现模式表现出来。一种知识结构的价值,取决于它简化资料、产生新命题和增强使用知识的能力。

知识的学习过程包括三种几乎同时发生的过程,习得、转换、评价。

习得:即新知识的获得是一种主动的、积极的认知过程。新知识,往往同一个人以前知道的知识相违背,或者是它的一种代替。

转换(transformation):这是处理知识使之适应新任务的过程。我们学习"揭露"或分析知识,把其安排好,使所得的知识经过外插法(extrapolation)、内插法(interpolation)或变化法(conversion),整理成另一种形式。转换包含我们处理知识的各种方式,目的在于学习更多的知识。

评价:这个过程是核对我们处理知识的各种方法是不是适合于这个任务,检验经过概括、外推和内推得到的知识是否适当,这样一种评价,常常包含对知识合理性的判断。

2. 关于学习的动机

布鲁纳主张,在教学中应以激发学生的内在动机、调动学生对学习内容的兴趣为主,而不必借助外在的奖励,主要原因如下。

布鲁纳对刺激-反应学习论,包括联结论和行为主义理论的反对。20世纪60年代以前,联结论和行为主义理论观点在美国教育心理学中占据着主导地位,外在动机正是这种学习理论的具体反映。如桑代克认为,学习是刺激和反应之间的联合,因此桑代克特别重视外在的强化作用。苏联心理学家巴甫洛夫的条件反射学说是行为主义的理论基础之一,外在动机理论也来源于此。操作行为主义斯金纳的强化理论也是外在动机理论的典型代表。布鲁纳对学习持一种认知的观点,强调对智力的充分开发。布鲁纳曾对美国当时中学教育中所存在的忽视智能成长的现象表示忧虑。

需要注意的是,布鲁纳主张的内在动机和杜威主张的内在动机有一定的区别。杜威是从兴趣出发,要求围绕儿童自发的兴趣来组织儿童学习。杜威认为只有这样做,才能形成儿童的学习动机。布鲁纳则认为学习动机不应当是消极自发的,它应当尽可能建立在儿童对所学教材积极主动的兴趣上。

布鲁纳在学生知识学习动机方面的论述特别注意和强调认知需求与内在动机的作用。在布鲁纳对学习过程的论述中我们不难看到,他认为知识的获得不管其形式如何,都是一种积极的学习过程。这种积极的学习过程显然是受学生强烈的认知需求驱使的。在他看来,学生的学习除了受一些生理内驱力的驱动之外,更重要的是受认知需求的驱使。他指出,我们的认知活动并非时时刻刻都受食物和性欲这类事物所支配。我们毕竟应该以某种方式理解"为什么一个人可能想学下象棋"这类现象。他注意并强调内在动机和认知需求在学习中的重要作用,与学习有关的认知主要有以下几个方面:

- 从加快了的认知和理解中获得满足;
- 发挥个人全部心理能力的迫切要求;
- 正在发展着的兴趣和专注;
- 从个人与他人的认知一致中获得的满足;
- 从个人在认知或智力方面的优势中获得的愉快;
- 对个人能力或成就的感觉;
- "相互关系"的发展,其中包括个人对其他人的反应,以及同他人为共同达到某个目标而共同工作的需要。

3. 发现学习

发现学习是布鲁纳提出的一个重要概念,围绕这个概念,布鲁纳建立了一套完整的理论,其中包括发现的要素、发现学习的一般步骤等。

1) 发现学习的定义

发现学习是布鲁纳提出的一种学习方法,它是指让学习者自己去发现教材的结构、结论和规律。这种学习方法要求学生像科学家那样去思考、探索未知、最终达到对所学知识的理解和掌握。不过,布鲁纳对"发现"的界定是比较宽泛的,它不仅包括人们探索未知的行为,还包括用自己的头脑亲自获得知识的一切形式。如他所说,不论是儿童凭自己的力量所做出的发现,还是科学家努力于日趋尖端的研究领域所做的发现,按其本质来说,都不过是把现象重新组织或转换,使人能超越现象再进行组合,从而获得的领悟而已。

2) 发现学习的特征

a. 强调学习过程

学生是一个积极的探究者。老师的作用是要形成一种学生能够独立探究的情境,而不是提供现成的知识。"认识是一个过程,而不是一种产品。"所以,布鲁纳强调的是,学生不是被动的、消极的知识的接受者,而是主动的、积极的知识探究者。

b. 强调直觉思维

直觉思维与分析思维不同,它不根据规定步骤,而是采取跃进、越级和走捷径的方式来思考。直觉思维的形成过程一般不是依靠语言信息的,尤其不是依靠老师指示性的语言文字。直觉思维的本质是映象或图像性的,所以,老师在学生的探究活动中要帮助学生形成丰富的想象,防止过早语言化。与其指示学生如何做,不如让学生自己试着做,边做边想。

c. 强调内在动机

布鲁纳把好奇心称之为"学生内在动机的原型",即与其让学生把同学之间的竞争作为主要动机,**还不如让学生向自己的能力提出挑战**。所以,他提出的要形成学生的能力动机就是使学生有一种求得才能的驱力。通过激励学生提高自己才能的欲求,从而提高学习的效率。事实表明,对自己能力是否具有信心,对学生学习的成绩有一定影响。

布鲁纳在强调学生内在动机时,并没有完全否认老师的作用。虽说"'教'这个字眼现在不很时髦,但我还是准备谈教"(布鲁纳,1989年)。在他看来,学生学习的效果,有时取决于老师何时、何种步调给予学生矫正性反馈,即要适时地让学生知道学习的结果,如果错了,还要让他们知道错在哪里以及如何纠正。让学生有效地知道学习的结果,取决于:学生在什么时候、什么场合接受矫正性信息;假定学生接受的矫正性信息的时间、场合都是合适的,那么学生在什么条件下可以使用这些矫正性信息;学生接受的矫正性信息的形式;强调信息提取。

布鲁纳对记忆过程持比较激进的观点,他认为,人类记忆的首要问题不是贮存,而是提取。尽管这从生物学上来讲未必可能,但现实生活要求学生这样做。因为学生在贮存信息的同时,必须能在没有外来帮助的情况下提取信息。提取信息的关键在于如何组织信息,知道信息贮存在哪里和怎样才能提取信息。

布鲁纳在一项实验中,让一些学生学习 30 对单词,并对一组学生说,要记住这些单词,以后要复述的;而要其他学生设法给每对单词造一个句子。结果发现,后者能复述其中的 95%,而第一组学生的回忆量不到 50%。所以,学生如何组织信息,对提取信息有很大影响。学生亲自参与发现事物的活动,必然会用某种方式对它们加以组织,从而对记忆具有更好的效果。

3) 提倡发现学习

"发现学习"可以激发学生的智慧潜能,获得发现的经验和方法,布鲁纳认为这种发现的经验和方法对将来从事科学发现和技术发明是十分重要的。他主张采用诚实有效的教学方法，把复杂、高深、新的科学技术知识传授给任何年龄的儿童。其目的是想让学生尽量掌握最新的科学技术知识，将来尽快地进入科学研究领域。布鲁纳的这些解释、提法和要求体现了他把创造力的培养作为学习和教学的重要任务的思想。

奥苏贝尔对"发现学习"的解释不同于布鲁纳。他认为，发现学习是指学习内容不是以定论的方式呈现给学生的，而是要求学生在把最终结果并入认知结构之前，先要从事某些心理活动，如对学习内容进行重新排列、重新组织或转换。布鲁纳的"发现学习"是要学生通过参与探究活动发现基本的原理或规则，使学生像科学家那样思考问题。除此之外，奥苏贝尔认为，发现学习还涉及其他三种学习类型，即运用、问题解决、创造，这三种学习是有层次的。

奥苏贝尔认为，**"运用"**是指把已知命题直接转换到类似的新情境中去，有点类似于我们通常所讲的"练习"。

"问题解决"是学生无法把已知命题直接转换到新情境中去，学生必须通过一些策略，使一系列转换前后有序。学生已有的知识可能与解决问题的办法有关，但需经过多次转换，而非直接运用或练习所能解决的。

"创造"是能把认知结构中各种彼此关系很遥远的观念用来解决新问题，而且，认知结构中哪些命题与该问题有关，事先是不知道的，各种转换的规则，也是不明显的。在奥苏贝尔看来，"创造"的定义是指能产生某种新的产品，或者对学生来说是新的，或者在人类认识意义上来说是新的，都应该被视为创造性行为。当然，只有能产生后一种新产品的人，才能被认为是具有创造性的人。而且，创造性行为本身，应表现出一定的综合水平，即能够把各种要素综合在一起，形成新产品，这种综合水平应超过问题解决中所需要的水平。

老师作为学校学习活动的指导者，在现代课堂上起着最重要、最突出的作用，把老师学习过程当作另一重要变量来考察时，老师从以下几方面影响学生：

● 老师对教材的掌握是否全面，是否能对教材进行清楚的表达和组织、对观念进行清晰和透彻的解释；

● 对影响学习的重要变量能否做有效的处理，在组织学习活动和操纵学习变量两方面是否有技能、想象力、敏感性；

● 在传授各种观念时是否适应学生的智力成熟水平和教材掌握程度；

- 在老师的人格特征方面,热情和理解、引起学生的智力激情和内在学习动机的能力对老师的教学效能有重要作用;
- 教学风格;
- 对课堂的控制。

奥苏贝尔"发现学习"的缺陷:强调学生的学习以有意义地接受学习为主。

(五) 建构主义学习理论

不同于行为主义和认知主义的观点,建构主义的核心在于强调对外在客观世界的主观解释。认知主义强调外在客观事物内化为认知结构,通过信息加工把握客体的意义。而建构主义在认识论上是非客观主义的,认为学习是通过信息加工活动建构对客体的解释,个体是根据自己的经验建构知识的。

1. 建构主义与认知主义的区别

认知主义认为,学习是全体学生在老师指导下,通过相同的信息加工活动,形成相同的知识和认知结构。

建构主义认为,不能假设学生具有相同起点、相同背景,通过相同的过程达到相同目标。因为,不同的学习者原有的知识背景和经验不同,水平不同,类型和角度不同,因此,各自新知识的增长点也不同。所以,知识的获得,不是统一的结论,而是一种意义上的建构。因此,即使学习的是相同的指示,学习者进行的加工活动不同、建构的知识的意义也不同。

2. 建构主义的基本观点

学习是学习者利用感觉吸收并建构有意义活动的过程,这一过程不是被动接受外部知识,而是同学习者接触的外部世界相互作用的结果。

学习包括建构意义和建构意义系统两部分。

建构意义的重要活动是人的智力活动。

学习是一种社会活动,个体的学习同他人关系密切,交流是完整学习体系的一部分。

学习是在一定情境中发生的。

个体学习需要先前经验和知识的支持。

学习不是瞬间完成的,学习需要花费一定的时间。

学习的目的是建构个体自己的意义,而非重复他人的意义以获得"正确"的答案。

3. 教学观点

以学生为中心。

在实际情境中教学。

注重合作学习。

（六）加德纳多元智力理论

传统的智力理论认为,人类的认知基于一元的、个体的智能是单一的、可量化的,而美国教育家、心理学家霍华德·加德纳在1983年出版的《智力的结构》一书中提出,"智力是在某种社会或文化环境的价值标准下,个体用以解决自己遇到的真正的难题或生产及创造出有效产品所需要的能力。"每个人都至少具备语言智力、数理逻辑智力、音乐智力、空间智力、身体智力、人际交往智力和自我认知智力,这一理论称为多元智力(multiple intelligences)理论。其基本性质是多元的,不是一种能力而是一组能力;其基本结构也是多元的,各种能力不是以整合的形式存在而是以相对独立的形式存在的。现代社会需要各种人才,这就要求教育必须促进每个人各种智力的全面发展,让个性得到充分的发展和张扬。

1. 言语-语言智力

言语-语言智力(verbal-linguistic intelligence)是指听、说、读、写的能力,表现为个人能够顺利而高效地利用语言描述事件、表达思想并与人交流的能力。这种智力在记者、编辑、作家、演说家和政治领袖等人身上有比较突出的表现,如由记者转变为演说家、作家和政治领袖的丘吉尔。

2. 音乐-节奏智力

音乐-节奏智力(musical-rhythmic intelligence)是指感受、辨别、记忆、改变和表达音乐的能力,表现为个人对音乐如节奏、音调、音色和旋律的敏感,以及通过作曲、演奏和歌唱等表达音乐的能力。这种智力在作曲家、指挥家、歌唱家、演奏家、乐器制造者和乐器调音师等人身上有比较突出的表现,如音乐天才莫扎特。

3. 逻辑-数理智力

逻辑-数理智力(logical-mathematical intelligence)是指运算和推理的能力,

表现为对事物间各种关系如类比、对比、因果和逻辑等关系的敏感,以及通过数理运算和逻辑推理等进行思维的能力。这种智力在侦探、律师、工程师、科学家等人身上有比较突出的表现,如相对论的提出者爱因斯坦。

4. 视觉-空间智力

视觉-空间智力(visual-spatial intelligence)是指感受、辨别、记忆、改变物体的空间关系并借此表达思想和情感的能力,表现为对线条、形状、结构、色彩和空间关系的敏感,以及通过平面图形和立体造型将它们表现出来的能力。这种智力在画家、雕刻家、建筑师、航海家、博物学家和军事战略家等人身上有比较突出的表现,如画家毕加索。

5. 身体-动觉智力

身体-动觉智力(bodily-kinesthetic intelligence)是指运用四肢和躯干的能力,表现为能够较好地控制自己的身体,对事件能够做出恰当的身体反应,以及善于利用身体语言来表达自己的思想和情感的能力。这种智力在运动员、舞蹈家、外科医生、赛车手和发明家等人身上有比较突出的表现,如美国篮球运动员迈克尔·乔丹。

6. 自知-自省智力

自知-自省智力(intrapersonal intelligence)是指认识洞察和反省自身的能力,表现为能够正确地意识和评价自身的情绪、动机、欲望、个性、意志,并在正确的自我意识和自我评价的基础上形成自尊、自律和自制的能力。这种智力在哲学家、小说家、律师等人身上有比较突出的表现,如哲学家柏拉图。

7. 交往-交流智力

交往-交流智力(interpersonal intelligence)是指与人相处和交往的能力,表现为觉察、体验他人情绪、情感和意图并据此做出适宜反应的能力。这种智力在老师、律师、推销员、公关人员、谈话节目主持人、管理者和政治家等人身上有比较突出的表现,如美国社会活动家马丁·路德·金。

8. 自然观察智力

自然观察智力(naturalist intelligence)是指认识世界、适应世界的能力,是一种在自然世界里辨别差异的能力,如对植物区系和动物区系、地质特征和气候等的观察。

9. 存在智力

存在智力(existential intelligence)是指陈述、思考有关生与死和终极世界的倾向性,即人们的生存方式及其潜在的能力。如人为何要到地球上来？在人类出现之前,地球是怎样的？在另外的星球上生命是怎样的？动物之间是否能相互理解等。

每个人都在不同程度上拥有上述九种基本智力,智力之间的不同组合表现出个体间的智力差异。教育的起点不在于一个人有多么聪明,而在于怎样使人变得更聪明,在哪些方面变得更聪明。在加德纳教授看来是以能否解决实际生活中的问题和创造出社会所需要的有效的产品的能力为核心的,也是以此作为衡量智力高低的标准的。因此,智力是个体解决实际问题的能力和生产出或创造出具有社会价值的有效的产品的能力。

加德纳的多元智力理论的基本特征为:强调多元性;强调差异性;强调创造性;强调开发性。

附录 B　教 改 展 望

团队型五人小组结构化教育教学改革历经十年,助力了两所学校从起步到飞跃的过程。而今基础教育质量 AI 多元立体行为评价平台将进入测试阶段,行为评价操作体系标准也实现了全面突破。整个改革已基本具备了落实"立德树人"根本任务的能力,能够有效支撑教育部"双减"政策的落实。

通过实践,不难发现,在现有中小学课程标准不变的前提下,可以轻松实现基础教育全学段在十年内完成,即小学和初中一体化七年,高中三年。

在小学、初中一体化的七年内,可以实现前两年回家无手写作业;四年级以内让每一个学生在音乐、美术各有一个方面的爱好,在体育方面至少具备两个爱好,这些爱好的训练可以延伸到一体化的第六年。通过六年个性特色的养成,可以确保学生高品质的审美和强健的体魄。

在基础知识领域,在语文上,落实基础教育义务教育段全部要求外,可以实现对经典文化的系统性认知;在数学上,凭借我校开发的系列化学具,学生可以进行体验式学习,以提升个人的数学综合能力;在外语上,除了落实现行基本要求外,我们的改革还能全面提升学生的听、说能力;在自然科学和人文科学上,也将形成学生的研究能力。

在人生观和价值观层面,通过体系化体验,学生将能够达到作为首位要求的课程思维单元情感目标,落实向善向美价值取向,进而形成比较坚定的国家情怀和广博的世界视野。

在这一能力形成后,学生进入高中三年的学习将会比较顺利。第一年学生将会落实支撑自我综合素养的高中九科各自核心知识,学科基本能力形成。第二年学生可以根据自己真正的感受去选择学科组合,这样就保证了后期不论学生做出何种选择,都可以找到最适合自己的路径。

如果这一过程实现,国家高考无论往哪个方向变化,都将不会影响学生综合能力的形成,也可以实现教考分离。

整个义务教育为学生节约了两年时间,可以让学生在自己爱好的领域进行个性的充分张扬,也可以把学制缩短,为未来可能出现因人口变化和老龄化带来的社会问题提供充分的人才储备。

附录C　西安铁一中陆港学校
日常操作指南

西安铁一中陆港学校教育教学改革是在西安铁一中滨河校区八年教改的基础上进行的更深层次的探索与发展。在已走过的两年中,在全体陆港师生一个又一个创新中,我校改革从各个层面展示了成果、得到了社会认同。为了帮助学生在日常学习活动更好地建设小组,更快地提升个人能力,现将学生一日中涉及的各个重要环节的操作流程总结出来,共计31个操作基本流程,期待学生在今后的成长中能参照流程规范自己的行为,遇到更好的自己。

1～3为个人、小组成长板块。

1. 组长一天"程序"的操作基本流程

(1) 清晨进入教室,提醒小组内成员一天的常规工作。

(2) 安排每一成员当天所负责工作的重点。

(3) 记录每一成员当天学习、活动等出现的亮点与存在的问题,并及时解决、记录或上报。

(4) 在过程中不断总结反思,午间组长交流,负责推广小组工作亮点、提出小组成长不足之处,探讨解决问题的方案。

(5) 协助科代表解决当日小组成员学习中遇到的难题。

2. 小科代表一节课"程序"的操作基本流程

(1) 课前一分钟检查本组成员本节课课本、相关的资料、笔记本、三色笔是否准备到位。

(2) 组织本组成员快速进行上节课知识的回顾,为课堂做好准备。

(3) 课堂探究指令下达后,及时在组内进行分工安排,引导本组成员快速落实自己的职责。例如,思考环节过后,分配记录人、小组呈现人、问题整理负责人等。

(4) 老师规范后,要求本组成员把结果或结论记录在笔记本上,对仍有问题的成员进行帮扶。

(5) 督促在指定时间内以考试的方式完成必修试题。

(6) 组织检查当日或前一日的作业,交流整理出对不能解决的问题进行上报。

(7) 带头完成自己负责学科的选修作业。

3. 小组每日分享"程序"的操作基本流程

(1) 按照政教处安排班级依次分享,或班级有极好的内容及有很强展示意愿时可向政教处申请分享机会。

(2) 文稿成形后向政教处和团委汇报内容与分享呈现方式。

(3) 接受指导、训练到成熟。

(4) 平时课间、操间或举行升旗仪式时呈现分享。

4~10 为学科课堂学习板块。

4. 早午读"程序"的操作基本流程

(1) 早午读的老师或科代表给出明确的任务,大科代表逐条以简洁明晰、可操作性的语言呈现在前黑板上。

(2) 如果只是读,全体用站姿,单手拿书在面前 30 厘米左右,注意力集中,全班或以小组为单位大声朗读。小组科代表也可根据本组的情况组织分角色朗读,朗读时务必体现与文本之间的对话。

(3) 语文在早读最后一分钟时尽可能让学生把感受写出来(可以是一句话)。外语在达到背诵的水平后应坐下来边背边写。

(4) 老师应进入各个小组以调动学生、指导学生,让学生真正进入状态。

(5) 早午读过程应对每一个小组投入状态、落实效果进行量化评价。

5. 课前一分钟"程序"的操作基本流程

(1) 拿出本节课要用的资料、草稿本、三色笔等用具,把本节课不用的用具放到书包里或指定的位置(食品拿到教室外)。

(2) 把课本打开,或读或在草稿本上写下需要记忆的内容。

6. 核心知识落实课"程序"的操作基本流程

(1) 根据思维单元按步骤进行五读:通读、指读、拓读、研读、境读。

(2) 研读时要建构单元核心知识结构图。

(3) 境读时要落实在情境中内化核心知识。

7. 课堂讨论"程序"的操作基本流程

(1) 当老师发出指令时,科代表站立组织(难度较大的可先交流再呈现,难度一般的可先各自呈现再交流)。

(2) 根据内容可采取两种形式的讨论:第一种形式,要求每个成员先以最快的速度把个人见解写在草稿本上,然后交流,把交流达成共识的结果写到草稿本上;第二种形式,可由科代表组织先集体讨论,然后把讨论的结果记录到草稿本上。

(3) 在讨论完成以后科代表坐下,安排成员对相关知识进行识记、规范书写结论或查阅资料拓展相关内容。

(4) 把小组得到的结果或结论向老师或全班呈现出来。

8. 课堂二级回答"程序"的操作基本流程

(1) 小组科代表组织成员完成探究问题,形成共识后写在草稿本上。

(2) 按照该学科课堂回答顺序,第一个代表小组呈现探究结果,这称为一级回答。

(3) 如果本组内其他学生觉得回答不到位,可以在任意时间内补充回答,这称为组内二级回答。

(4) 如果组内二级回答还不到位,其他小组成员补充回答,这称为组间二级回答。

(5) 把组内的两次回答结果整体作为本组被评价的依据。

9. 课堂展示中前后黑板呈现"程序"的操作基本流程

(1) 小组可随机被点出或自荐到前后黑板呈现。

(2) 前后黑板可由两组小组同时呈现。

(3) 呈现时可采用"2-2-1 型"(前两位写,中间两位查阅资料,最后一位由科代表组织协调)。

10. 课堂记录笔记"程序"的操作基本流程

(1) 记录讨论结果呈现后可归为核心知识的定义、定理、概念图、结果、方法、原理或典型的实例。

(2) 尽可能在记录过程后补充自己最熟悉的实例。

(3) 也可记录组内争辩生成性问题。

(4) 记录老师在讲解时补充的问题。

11~15 为学科作业、活动板块。

11. 一日作业"程序"的操作基本流程

(1) 语文、数学、外语必修作业在第一节晚自习规定时间内以考试的方式完成,顺序分别是每晚 7:30 到 8:00 数学,8:00 到 8:30 语文,8:30 到 9:00 外语。

(2) 物理、化学必修作业的时间为每晚 9:10 到 9:40,物理为周一、周三,化学为周二、周四(各班根据当天的课时安排可以调整);高一其他必修作业可安排到晚自习或其他自由时间。高二文理分科后从周一到周四每晚 9:10 到 9:40,周日 7:30 到 9:00 分别以年级为单位安排理化生(政史地)必修作业。

(3) 在规定的时间内科代表组织本组学生以考试的状态完成必修作业,如必修作业提前或较快完成的学生,科代表提醒个人单独批改或完成选修作业。

(4) 少数因基础问题不能按时完成的学生,科代表应督促该学生利用自由时间补充完成,校对(自己用红笔批改)后本学科小科代表给予相应的帮助。

(5) 作业呈现必须整齐、规范。

12. 晚自习做作业"程序"的操作基本流程

(1) 上自习前 1 分钟由数学科代表提醒全体学生准备好数学作业(必修)、笔、草稿本或其他用具。

(2) 前 30 分钟以考试方式完成当日的必修数学作业。

(3) 答疑老师上自习后第 29 分钟,语文科代表提醒全体学生转换成语文必修作业。

(4) 答疑老师上自习后第 59 分钟,外语科代表提醒全体学生转换成外语必修作业。

(5) 如果必修作业提前完成,则在规定的时间内做选修作业。

13. 一日小组内必修作业检查"程序"的操作基本流程

(1) 检查作业时间可以在该学科必修时间内完成,也可以在年级安排的规定时间内完成。

(2) 检查作业一律用红笔。

(3) 对没有做对的问题,在组内学生讲解后,可用蓝笔写出相关的答案。

(4) 小科代表把交流后还存留的问题上交给大科代表。

14. 双休日作业布置"程序"的操作基本流程

(1) 各科备课组在周四上午 12 点前把本周双休日的自主学习任务以最明确的方式进行书面布置(要求必须明确,语文、数学、外语必修作业每天不得超过 1 小时,物理、化学必修作业每天不得超过 30 分钟,政治、历史、地理必修作业每天不得超过 20 分钟,其他学科不得布置必修作业);上交到年级主任或指定的专人进行整合。

(2) 整合好的作业上交到教务处。

(3) 在周五上午 12 点前各年级安排专人到文印室领取作业。

(4) 周日返校后各班以班级为单位由科代表认真检查,把作业结果上报到各任课老师手中。

15. 学科活动"程序"的操作基本流程

主持人:年级备课组长。

协作人:年级组内该学科全体老师。

内容:学期内核心知识落实课的主要思维单元结束后,为帮助学生内化核心知识,在多次班级境读的基础上以年级组为单位呈现最高级别的境读活动。

具体操作流程如下。

(1) 备课组拿出活动方案,报年级组、教研室、政教处。

(2) 年级全面启动预备活动。

(3) 以年级为单位集中总体展示,鼓励展示环节具有趣味性与欣赏性。

16 为学科试卷处理板块。

16. 考试后自评试卷"程序"的操作基本流程

(1) 每次考试后由年级组统一发放考试科目任课老师给的《参考答案》(每组一张)。年级组安排时间,各班以小组为单位在老师的指导下进行自评。

(2) 以小组为单位先不看老师给的《参考答案》,讨论答案及赋分标准,然后结合《参考答案》,再次讨论答案及赋分标准。

(3) 依据两次讨论结果自评并合理赋分,标记出自己的失分点。

(4) 检查组内交流赋分合理与否,得出自评分。

(5) 在老师阅卷后,一定要找到实际得分与自评得分的区别,与组员交流或与老师交流,找到得分区别的原因。

17~18 为工具使用板块。

17. 草稿本"程序"的操作基本流程

(1) 任何时间草稿本都要放在课桌上,以便在课堂或自习课上随时使用。

(2) 思考、推理、探究时的结果或结论、默写、演算等需要动笔的都可以在草稿本上进行。

（3）引导学生有规划地、较整齐地使用草稿本。

（4）建议引导学生正反面使用草稿本。

18. 共性参考工具书课堂使用"程序"的操作基本流程

（1）各科共性参考工具书以小组为单位由组长分配购买，共同使用。

（2）一般把共性参考工具书摆放在小组每个成员都方便取用的地方。

（3）在课堂使用方面建议由该学科科代表统一协调，资源结论共享。

19～21为小组、班级文化建设板块。

19. 班级小组文化建设"程序"的操作基本流程

（1）以小组为单位在教室内确定小组文化建设的阵地。

（2）内容可以从以下几个方面建设：

① 小组成员介绍（性格、目标等）；

② 小组公约；

③ 小组荣誉；

④ 小组反思；

⑤ 小组竞争对手（根据本人、本组的实际情况确定）、小组规划等。

20. 学习园地呈现"程序"的操作基本流程

（1）每周班级在班主任或语文老师安排下完成读书摘抄或感悟。

（2）对月考、期中考、模拟考优秀试卷进行展示（备课组应由老师参与展示）。

（3）每次展示的内容在更换前，由展示学科备课组长写上简单的序，交给对应岗位的老师装订后存放到图书馆。

21. 创新园地呈现"程序"的操作基本流程

管理者：班主任。

操作单位：小组。

评价部门：政教处。

具体操作流程如下。

（1）小组申请或轮流。

（2）由团委或队委安排。

（3）由班主任审查。

创新园地的内容要求如下。

(1) 前提：不违背主流价值或伦理。

(2) 范围：一篇有创意的诗、词、歌、赋；一道有创意的解题方法；一种生活中的创新；一种方法或工具的改良；一幅有创意的画等。

22～24 为老师非课堂工作时间操作板块。

22. 晚自习答疑老师答疑"程序"的操作基本流程

(1) 提前 8 分钟到对应楼层指导自己任课班级科代表反思。

(2) 组织所在楼层学生快速进入自习状态。

(3) 组织学生进行学科作业转换。

(4) 在讨论时间段进班指导学生批改作业或以小组为单位解决问题，尽可能引导学生以小组为单位进行试题讲解。

23. 选修课程"程序"的操作基本流程

(1) 选修老师提前为学生开门，做好上课准备。

(2) 选修老师在规定的时间内点名。

(3) 选修老师以小组为单位给出学生具体的活动方向。

(4) 让每一个学生都快乐地动起来。

(5) 让学生不停地拥有参与感。

(6) 记录学生创造性过程或成果，尽可能为学生提供呈现的平台。

24. 考试后质量分析"程序"的操作基本流程

(1) 每次考试后备课组对整体情况和任课班级进行"一分三率"（平均分、及格率、优秀率、优良率）比较，分析各班典型小组，确定问题所在。

(2) 在备课组分析的基础上进行年级分析：

① 分析试题的难度及学生回答情况；

② 分析各班成绩和尖子生的波动情况；

③ 分析各班的典型小组情况，为班级小组建设提供指导；

④ 分析下一阶段优化教学的措施。

25～27 为老师教研板块。

25. 课堂教学资源使用"程序"的操作基本流程

(1) 备课组统一研发、定型、印刷、下发到任课老师手中。

(2) 上课时认真研究，圈画出关键部分并进行创意或个性补充。

(3) 入职三年内的青年老师上课前一定要写出讲解提纲，争取在课堂上少看教案。

(4) 课后写出上课反思。

26. 组内公开课"程序"的操作基本流程

(1) 每学期每个备课组内每一个老师都要进行一节公开课的准备。

(2) 备课组长带领全组人员随机进班进行听评课：

① 看各种不同课型的目标落实是否到位；

② 看学生操作流程是否规范；

③ 现场点评或组内研究交流亮点与存在问题，商定改进方案，在一段时间内落实老师是否解决了这个问题。

27. 每周备课组教研"程序"的操作基本流程

(1) 每周在固定的场所进行全组统一教学研究。

(2) 备课组长主持。

(3) 基本研究程序如下：

① 由主备课人讨论下周应上课的教学资源，讨论每一个环节；

② 反思上周抽检的问题，讨论补救措施；

③ 由主发言人交流本周上课的得失；

④ 安排下一周各自教研的任务；

⑤ 各种临时性工作的交流或布置。

28 为青年老师成长板块。

28. 青年老师上课准备"程序"的操作基本流程

(1) 认真学习教学资源，把自己上课要讲授的内容用红笔标记出来，加上自己的经验写到边框上。

(2) 原则上要求进度要比指导老师慢一节，指导老师的每一节课都要认真学习。

(3) 上课前要和指导老师进行方法、知识及操作上的交流。

(4) 授课时尽可能不看教学资源。

29 为教改中特色工作之一日三思板块。

29. 一日三思"程序"的操作基本流程

1) 早：全班反思流程

(1) 对象：全班。

(2) 主持人:班主任。

(3) 内容如下:

① 当日班务;

② 前一日班级的表扬和批评(将前一日组长反思结果上交给班主任);

③ 其他任课老师需要和班级交流的问题;

④ 以小组为单位进行集体分享展示背诵语文、外语、公式、定理等。

(4) 主讲人:班主任、班长、值日班长、任课老师、部门主任。

(5) 时间:早操后(5分钟)。

(6) 方式:前三排下蹲,后两排站立。

(7) 检查:政教处。

2) 午:组长反思流程

(1) 对象:组长。

(2) 主持人:班长、团委书记(副班长)。

(3) 内容如下:

① 点出各组优秀的地方或不足的地方(共性),需改进之处要拿出方案;

② 每日轮流由两个组长展示各组亮点或管理中的困惑,提出推广或讨论获取解决问题的方案;

③ 介绍自己发现的其他班级操作亮点;

④ 其他组长可简单补充。

(4) 主讲人:每日轮流1~2个组长或需要展示的当日特色组长。

(5) 指导人:班主任。

(6) 时间:午读前5分钟。

(7) 地点:本班教室外。

(8) 检查:政教处。

3) 晚:科代表反思流程

(1) 对象:各学科科代表。

(2) 主持人:各学科班级大科代表(两人)。

(3) 内容如下:

① 本学科做法为由有突出亮点的小组科代表讲解,也可依据一定顺序科代表轮流交流当日或本周的亮点、存在的问题,提出推广或解决方案;

② 两个小组科代表展示各组本学科学习亮点或困惑(包括作业方面的合理性问题,上课后当日的必修作业以考试的方式不得超过 30 分钟),提出推广或解决方案;

③ 形成结果上报任课老师;

④ 其他小组可补充。

(4) 主讲人:1~2 个小组科代表按日依一定顺序轮流主持。

(5) 指导人:任课老师、答疑老师。

(6) 时间:周一到周四晚自习前 5 分钟为本班语文、数学、外语科代表;周日晚自习前 20 分钟,第一个 10 分钟为物理、化学、生物三科反思,第二个 10 分钟为政治、历史、地理学科反思。

(7) 地点:本班教室外。

(8) 检查:晚答疑老师、政教处。

注意:学科大科代表与小科代表都要有"反思记录本"并做相关记录,组长反思记录在"班务日志"上。

30~31 为教改中特色工作之抽检板块。

30. 每日抽检"程序"的操作基本流程

(1) 由教务处统一组织,在上午最后一节课内(如不在本班教室上课的老师一定通知教务处对应干事上课的具体位置)把抽中参加抽检的小组组号交给当堂上课老师。

(2) 下课后第一时间由上课老师宣布被抽中小组,由组长带队,在下课 5 分钟内列队(抽检科目小科代表在最前,组长在最后)到达抽检室。

(3) 当日由命题老师或备课组指定老师阅卷并上交教务处登分。

(4) 当日抽检试卷返回到任课老师手中,根据具体情况,任课老师及小组学科小科代表写出反思,反思包括亮点及弥补不足的可操作性方案。反思要在出分后 24 小时内上交到教务处。

(5) 每周抽检总分第一名由班主任带领参加抽检学科小科代表组成的小组在全校大会上分享。

31. 教改中特色工作之抽讲板块

(1) 时间安排为:19:30—20:00。

(2) 课程安排为:

周一、周三——物理和生物各 10 分钟；

周二、周四——数学和化学各 10 分钟；

周日——语文和外语各 15 分钟。

（3）组织人员：答疑老师、值班老师、各班学习委员、各科大科代表。

（4）操作流程如下。

① 每日 3、4 节课课间当日两科大科代表到任课老师处领取讲解任务，午读前分发到各组，并提醒各组小科代表安排组员利用课余时间准备。

② 晚自习 19:30～19:50，学习委员组织两科每科 10 分钟，第一科目大科代表发出指令，各组起立，各组小科代表和组长组织完成两科讲解，组内人人过关。科目大科代表到各组进行指导。晚自习后，大科代表组织本班小科代表快速反馈。

③ 晚自习 19:50～19:55，各班班主任随机抽取本班两个小组，在班牌发布两科抽检小组及各小组讲解任务。

④ 晚自习 19:55 学习委员查看班牌，通告抽检小组到教室外班级两门之间进行抽讲。若班主任忘记抽取，由值班老师随机抽取。抽检小组带讲解任务和草稿本到教室外指定位置集合，学习委员组织其他人员在教室批改并处理作业（若学习委员小组被抽检，则由班长组织）。

⑤ 抽检过程具体操作流程如下。

a. 地点：班级两门之间。

b. 班级组合带动。

一楼 N1～N4 轮换组合 M1 组抽检，剩余班级组合为一组抽检，剩余一个班单独抽检，如表 C-1 所示。

表 C-1 抽讲安排表一

序号	第一组	第二组	第三组
1	M1 N4	N1 N2	N3
2	M1 N3	N1 N2	N4
3	M1 N2	N3 N4	N1
4	M1 N1	N3 N4	N2

二楼 M2~M4 轮换组合 M5M6 组为两组抽检,剩余一个班单独抽检,如表 C-2 所示。

表 C-2　抽讲安排表二

序号	第一组	第二组	第三组
1	M2 M5	M3 M6	M4
2	M2 M6	M4 M5	M3
3	M3 M5	M4 M6	M2

c. 各班按列排好,M1~M4 班级抽检小组先讲(由值班老师临时抽取组内学号进行讲解),剩余班级补充,两班学科大科代表补充,并记录汇总,值班老师监督。

d. 晚自习结束,各班大科代表组织本班小科代表快速反馈,汇总并记录各小组问题,第二天反馈给任课老师。

(5) 各参与人员任务如下。

① 班主任——每日晚自习 19:50~19:55,班主任随机抽取两个小组,并在班级公告牌发布。

② 任课老师——培训大科代表和各组小科代表操作流程。

当日 3、4 节课课间,备课组统一发布讲解任务(具有代表性经典练习或近日必修作业中的错题),并告知大科代表在午读前将任务发布到各组。

当日 6、7 节课课间,检查大科代表讲解情况,并培训大科代表,使大科代表能够完全吃透当日讲解任务。

第二日根据大科代表反馈情况,如有问题,备课组统一备课讲解。

③ 值班答疑老师——督促引导学习委员和两科大科代表完成流程。若班主任没有及时发布公告,由值班老师随机抽选两个小组。

④ 学习委员:主要任务是组织、提醒、控制时间。

晚自习 19:30,提醒两科大科代表分时段组织各组互相讲解。

晚自习 19:55,查看班牌,通告抽检小组。

维持班级秩序,并监控时间,每科目总时间 10 分钟(提前完成的小组可以在本时段内完成选修作业)。

晚自习 19:55~20:10,班内组织各科互批作业。

⑤ 大科代表：本科目的实施者。

当日3、4节课课间到任课老师办公室领取讲解任务。

午读开始前将讲解任务发布到各小组。

当日6、7节课课间到任课老师办公室讲解，并学会点评，能够指导各小组科代表讲解。

晚自习19:30发出指令，组织各小组科代表组织小组内部起立、讲解、落实，小组科代表记录汇总问题。

讨论讲解期间，到各个小组协助指导。

晚自习19:55～20:10，在教室外走廊组织听取抽检小组讲解，并做点评。

晚自习结束后，汇总各小组没有解决的问题，并反馈给任课老师。

后　　记

经过多年的耕耘，《损益——团队型五人小组结构化教育教学改革研究》这本书终于呈现在大家眼前。细数起来，将一丝一缕的念头化作一篇篇文章，用了近十八年的时间。最近有一句话常出现在我的脑海——"如果我们做老师的不能使学生有所改变，我们做老师干什么?"可能很多同行不太赞同。但在改革研究的十八年当中，特别是2012年开始全面改革实践的十年里，我每一天都如履薄冰，不敢懈怠，之所以能坚持下来，是因为有来自各个方面的支持，这些支持一次次给予我动力。研究过程中我对教育的认知也在不断提升，因为转变一个学生，就是给一个家庭、一个家族、一个地方甚至一个国家的希望。如果我们的教育不能解放一个家庭，我们这个职业怎能获得社会的尊重?

随着研究的深入，当我看到一张张笑脸，看到一个个学生带着自信茁壮成长时，我常常不由自主想到了那些给我平台、支持我前行的人们，因为有你们的信任和帮助，才能让我带领大家为一个个家庭排忧解难，每天都在做着有意义的工作，在这里请允许我一一表示感谢。

第一，我要感谢的是王加奇校长，是他允许我在西安铁一中滨河学校这个平台上去实践，还叮咛我"先干，从初一试，船小好调头"，这是何等的信任和对教育的追求;感谢执行校长刘亚蓉的认同，多少次她都能站在前方为我遮风挡雨;感谢小兄弟贾军凯在政教上坚决配合;更感谢徐博、郭勇带领的首届初一团队和高一团队义无反顾地坚定前行。

感谢庆群校长给西安铁一中陆港学校这个十二年一贯制的"三一同开"的大平台，助力八年积累的改革经验以全新的体系在全学段进行全面实践。感谢郑兴潮书记的保驾护航。感谢校长助理朱耀筠、校长助理苗强、小学部副校长钟泽菊、小学部教导主任岳亚平及西安铁一中陆港学校老师的鼎力支持。感谢刘志艳这位西安铁一中陆港学校教研主任不计付出的坚定落实者。最后，也感谢马继航、韩从斌、杨重国、叶瑶、任慧华、万彩云六位主任分别带领的高中两个年级、初中两个年级、小学两个年级"六舟"竞发，体系化落实了团队型五人小组结构化教育教学改革。

第二,感谢顾明远先生的指点和鼓励;感谢中国工农红军第二十六军黄土情联谊会会长贾虹生来校指导;感谢中国林业促进会原会长魏殿生先生、中国林业促进会原副会长万志宗先生、西北师范大学原副校长刘复兴先生的充分肯定与长期鼓励支持;感谢《中国教育报》主编张婷女士的长期指导与鼓励。

第三,感谢陕西各级教育主管部门领导对十年基础教育体系化改革的支持和指导。

第四,感谢我的导师张迎春教授,是他把我带入基础教育改革的研究领域;感谢陕西师范大学梁秋英、陶铭、张广斌等老师的大力支持;感谢陕西省生物竞赛总教练柳建议的充分肯定和长期支持。

第五,感谢长期支持改革的灞桥区常务副区长徐超先生的肯定与支持;感谢现任灞桥区教育局局长曹宏顺先生的肯定与支持;感谢国际港务区教育局局长陈朝华先生对评价系统开发的大力支持。

第六,感谢长期支持改革的山东滨州张竹元先生;感谢西安铁一中陆港学校的雷钰老师在成书过程中认真校对,以及其与出版社的对接工作。

第七,感谢北京师范大学、陕西师范大学、西北师范大学、青海师范大学、商洛学院等多所大学多位校长、院长、博导、教授的鼓励与支持。

第八,感谢十年来一起和我为教育奋斗的全体西安铁一中滨河学校和西安铁一中陆港学校的同志们。

第九,感谢我的妻子及家人对我不计代价的支持!

因历时太长,凡是在此过程为我提供过支撑帮助的朋友如有遗漏,先表达感谢,再致以歉意。

我将带领我的团队,继续优化研究,在不久的将来一定能呈现出规范化、系列化的各学段、各学科支撑资源,去滋养更多的学子。相信本书能为基础教育同仁带来一点启示。